3分で相手が笑顔に変わる しつこいクレーム・カスハラ交渉術

クレーム対応は「第一声」が成功の鍵!

クレーム・カスハラ対策コンサルタント
谷口良太

アルソス

本書は、著者の長年にわたるクレーム・カスハラ対応の現場から得られた貴重な経験をもとに、一般の方々にも効果的と思われるクレーム・カスハラ対策テクニックを紹介したものです。組織や団体などで実際にこのテクニックを導入する場合は、法律や制度などの専門家にご相談ください。
また、第２部の物語はフィクションであり、実在する人物・団体とは一切関係ありません。

装幀／森裕昌（森デザイン室）
本文デザイン／森デザイン室
４コマ漫画・本文漫画／ひえじまゆりこ
企画・編集協力／遠藤励起

まえがき――「クレーム対応」がうまくいくかどうかは、第一声が9割！

「クレーム対応」、この言葉を聞いてどんなことを想像しますか。

おそらく、怒鳴り声や延々と続くお叱りの声、鳴り響く電話、最近よく聞かれるカスタマーハラスメント（カスハラ：顧客などからの著しい迷惑行為）を想像される方も多いと思います。

厚生労働省が令和2年10月に行った企業調査によれば、パワハラ、セクハラなどについて、過去3年間に相談があったと回答した企業の割合を見ると、パワハラ（48・2％）、セクハラ（29・8％）に続いて、**カスハラ**（19・5％）**が多く、近年増加している**可能性があるとしています。

２０２２年2月には同省が「カスタマーハラスメント対策企業マニュアル」を公表し、現在、小売りや製造、医療、介護などあらゆる業界でカスハラ対策が進んでいます。

特に、コールセンターをはじめとした顧客接点の現場では、「他社では対応してくれた」と、不当な要求を受けることも多いと言われています。

行政においても、企業と同様に、区役所の窓口や電話で毎日のようにクレームが発生します。行政は規則により柔軟な対応がとれないこともあって、そのことがよりクレーム対応を困難にし、何年も解決しないケースも珍しくはありません。部署によってはクレームで病気になる職員もいます。

このように**クレーム対応は、企業や行政において深刻かつ常態的なものとなっています**。

ところが、現場ではマニュアル、テクニックといった表面的な対応となっていることも多く、これから本書で解説する方法はほとんど知られていません。

ちなみに、筆者も20代の頃、クレーム対応で苦しんだ経験があります。

当時、自治体職員として、職場研修や本を参考に、(今思えば表面上の)丁寧な対応とクッション言葉、共感を示しつつも、時には大声には大声で対応していましたが、お客様から返ってきた反応は「言いくるめやがって」でした。

時には、家に帰っても職場でのクレームが頭を離れず、悶々と考えることもありました。

そんなとき、一冊の本と出会いました。刷り込み理論で著名なノーベル賞受賞の動物行動学者コンラート・ローレンツ氏の『ソロモンの指環』(早川書房) という動物行動学の本です。

言葉を話せない動物も喧嘩したり仲直りしたりしています。本に直接書かれていたかどうかは覚えていませんが、「**動物には思っていることは、すぐに非言語として伝わってしまう。これは人間も動物と同じだ！**」と気づきました。

例えば、犬は「ワン」としか言えませんが、気に入った人には尻尾を振って全力で喜びと好意を表現します。この姿を見て、犬嫌いの人を除き、警戒心をいだく人はいないと思います。

では翻って、あなたも経験があると思いますが、口ではやさしい言葉を話しても、内心逆のことを考えていたら、それは微妙な身ぶり、手ぶり、表情、声のトーン、といった非言語コミュニケーションを通じて相手に伝わります。

クレーム対応でも同じことが言えます。**クレームをしてきた相手を疎んじてしまうと、いくら笑顔で言葉で丁寧に接していても、自分の「嫌だな」という気持ちは伝わってしまうのです。**

動物は怖いから攻撃する！

ここまで読んで、こうは思いませんでしたか。

「いやいや、こちらに非があるときはまだしも、こちらはなにも悪くないのに、丁寧に頭を下げてクレーム対応するって変じゃないですか」

ごもっともな意見で、筆者もそこで躓きました。**「こちらに非があるときは対応できるようにはなったのですが、そうでないときはうまくいかない」**のです。

しかし、**そう思っている限り、その気持ちがすべてお客様に伝わり、激しい怒りを買ってしまうのです。**

ここでも動物行動学が参考になります。動物が攻撃するときって、どんなときでしょうか。

それは「**怖いとき**」です。

人間も怒ったりするときは、怖いからじゃないでしょうか。自分を守らないと自分の存在が脅かされそうだからです。

お客様も、企業の商品・サービスに関係があるなしにかかわらず、**なんらかの原因により、自分は大切にされていない、認められていないという、自分という存在が脅かされているという「恐れ」があるため、クレームという形で攻撃してくる**と考えられます。

「お客様の恐れを解決する」という気持ちが解決の第一歩

犬の場合は、視線をそらしたり、体の側面を見せたりすることで敵意がないことを表現すると言われていますが、人間も同様に「**非言語コミュニケーション**」で**味方であることを示すことが重要**です。

実際、「**お客様の恐れを解決しよう**」という「**心構え**」があれば、**クレームは90％以上解決**したのも同然です。なぜなら、**この心構えが、微妙な身ぶり、手ぶり、表情、声のトーンといった非言語コミュニケーションを通して、お客様に伝わる**からです。

だから、「第一声」でクレーム対応がうまくいくかどうかはほとんど決まっています。

あとは、**お客様がなにを恐れているのかをお尋ねする「ヒアリング方法」**と「**承認**」、**そして、できないことははっきり伝える「交渉術」**が必要となります。

私は、これらを独学で実践と体系化を行い、最初は約1時間かかっていたクレーム対応が、最終的には3分間で解決できるようになりました。**お客様の感情を理解し、承認したときに「クレームは笑顔に変わる」**のです。

そして、この方法は、一部の悪質なクレーマーを除き、誰に対しても同じ対応法で解決できることから、私は「**魔法の3ステップ・クレーム対応術**」と呼んでいます。

【魔法の3ステップ・クレーム対応術】

ステップ1　お客様の恐れを解決するという心構えを持つ（マインドセット）
ステップ2　ヒアリングと承認
ステップ3　交渉

もっとも、悪質なハードクレーマーに対しては、毅然とした対応や、法的措置など別の対応が必要となります。ただ、ここでも非言語が重要となります。

本書は、第1部「クレーム・カスハラ対応の基礎知識編」と第2部「クレーム・カスハラ対応のケーススタディ編」の2部構成となっています。

第1部でクレーム対応についての基礎知識を知り、第2部で実際の現場でも応用できるクレームの対処法をストーリー仕立てで書いています。

第2部の主人公は、自意識過剰な区役所の市民課窓口係長、池照太郎が過去にタイムスリップして、新入社員の自分と出会い、さまざまなケーススタディを通じてクレーム対応を学んでいく物語です。

本書を読み終えた頃には、クレームに悩むことなく本来の仕事に集中できて、組織として生産性も上がる、そんな未来を想像できるはずです。
太郎の経験を通じて、クレーム対応のスキルを会得してください。

2025年2月吉日

谷口《たにぐち》良太《りょうた》

目次

第1部

クレーム・カスハラ対応の基礎知識編

第1章

「クレーム」の基礎知識を学ぼう

「クレーム」とはなにか

あなたは、「クレーム」に対してどんなイメージを持たれていますか。
例えば、

・理不尽なことで怒鳴られ、テンションが落ちる
・制度やルールの説明をしても聞いてくれない
・何度もしつこく電話がかかってきて精神的にまいる
・クレーム対応に時間をとられて本来の仕事ができない

おそらくこんなことをイメージされるのではないでしょうか。
クレームを解決するためには、「クレームの正体」を知らずして解決はできません。
クレーム対応の第一歩として、クレームの正体について学んでいきましょう。
クレームは「感情的なもの」と「金銭の要求を目的とするもの」に大別されます。

前者には、「謝罪や問題解決を求める心情」「不平等さへの不快感」「正義感に基づくもの」などがあります。

後者は、正当な損害賠償、または脅迫などにより金銭の要求を目的とするものがあります。ただ、一見、金銭目的に見えるものでも、ほとんどのクレームは「感情的」なものです。

「感情的なクレーム」に共通するのは、会社や組織のサービスに関係があるかないかにかかわらず、**なんらかの原因により、自分という存在が脅かされているという「恐れ」をもっていること**です。

例えば、想像してみてほしいのですが、会社や組織、社会に対してなんの不満もなく、尊重されている方がクレームを言うでしょうか。

自分は大切にされていない、認められていないという、自分の存在を脅かすものに対する心理的な「恐れ」が、クレームという形で「承認」を求めているのです。

クレームの発生メカニズムをもう少し詳しくお話しすると、人間を含め、爬虫類以上の生物すべてには「快・不快情動」があります。このなかの不快情動には、「不安、恐れ」

があり、これは本能的には自らの命を守る「防衛反応」ともいえます。

つまり、**クレームは自分を守るための「防衛反応」**ということもできます。このため、**恐れ（不安）が解決されないと、防衛反応として怒りに変わる**のです。

また、クレームという行動自体にも、「周りから変な目で見られたらどうしよう。自分は非難されるのではないか」と「恐れ」を抱きつつ行っていることを忘れてはなりません。このため、**クレームを言う方の感情を理解し、寄り添い、承認したときにクレームは終わって、笑顔に変わります。**

ただ、ここまで読んで、こう思われた方もいらっしゃると思います。

「なぜ、こちらはなにも悪くないのに、丁寧に頭を下げてクレーム対応をしなくちゃいけないいんですか？」

そのお気持ちはごもっともですが、クレームをそのまま放置すれば、時として大事件にも発展しかねません。では、どうすればいいのか。クレーム対応には極意があります。

クレーム対応の極意――「心構え」「交渉力」「一貫性（ロジカルシンキング）」

クレーム対応には、「**心構え**」「**交渉力**」「**一貫性**（ロジカルシンキング）」の3つの極意があります。

この中でも「**心構え**」が**一番大事**です。心構えとは、お客様の恐れを解決しようとする「**心の姿勢**」のことで、**これがクレーム対応のすべてに影響**します。

次に「**交渉**」です。交渉とは「相手との合意に到達することを目指して討議すること」ですが、クレーム対応における交渉は、「**できないことをはっきり伝え、お客様に納得していただくこと**」です。

なぜ、交渉が重要かといえば、お客様に寄り添い承認すれば、感情面では落ち着かれると思いますが、お客様の実際の問題が解決したわけではありません。

つまり、お客様の感情に共感しただけでは**実際の問題を解決していないため、クレーム対応に時間がかかる**のです。そのため、交渉でお客様の実際の問題を解決します。

また、クレーム対応では、対個人間だけでなく組織としても、お客様に不信感をもたれないためにも、「**一貫性**」がとても重要です。ころころと言っていることが変われば、お客様に不信感を持たれますし、説得力もありません。**説得力を持たせるためにも一貫性は重要**です。

これらの詳細については、後で詳しく説明します。

【クレーム対応の極意】

①心構え

②交渉力

③一貫性（ロジカルシンキング）

※一部のハードクレーマーには法的知識が必要。

「水掛け論」は脳の仕組みで起こる

クレームでは、「言った、言わない」といった水掛け論が数多く散見されます。この水掛け論はなぜ起こるのでしょうか。

答えは、**水掛け論は脳の仕組みで起こります**。詳しい説明は省略しますが、人は、自身の過去の体験・経験に照らし合わせて独自に解釈したり、言葉を発したりしています。これを「歪曲《わいきょく》」といいます。

他にも「省略化」「一般化」※があり、脳の仕組みによりディスコミュニケーション（コミュニケーションが行われていない、または機能していない状態）が起こります。

このため、コミュニケーションは簡単なようでとても難しく、水掛け論などのディス**コミュニケーションは、当然起こり得るという認識を持つことが大切です。**

水掛け論になりそうになったら、「これ以上お話ししても言った、言わないの話になりますので」と、早々に打ち切り本題に戻すことが重要です。

なお、水掛け論を防ぐためには、**相手に誤解が生じるような専門用語をそもそも使わ**

ないか、もし使うのであれば言葉の定義を明確化し、認識をすり合わせることが重要です。

※「省略化」とは、人の体験には多くの情報が含まれているが、体験を言葉にするとき、多くの情報が失われることをいう。「一般化」とは、一部の事実をすべてであるかのように思い込むことをいう。

仕事とはなにか

「仕事とはなにか」を考えることは、クレーム対応で一番重要です。なぜなら、心構えのもとになるからです。

そこで、まずはこんな質問をいたします。

今あなたがしている仕事の業務は手段でしょうか、目的でしょうか。

例えば、あなたが住民票を交付する市役所の窓口職員だとして、住民票を交付することは仕事の「目的」でしょうか。

お客様にとって、住民票は「取引や親の施設入所など、なんらかの手続き（目的）」のために必要な「手段」にすぎません。住民票を取りに来るお客様は、なにかしら必要に迫られたり、不安になったりしている可能性が高いのです。

つまり、このような事情を抱えたお客様の目的を達成するために、あなたは住民票を交付していることになります。

そこで、もしあなたが、「自分の仕事は住民票を発行すること」自体が仕事の目的だと思っていたとしたら、どうなるでしょうか？

きっと、お客様が不明な点をお尋ねされたときでも、「これは決まりですから（そのくらいもわからないんですか）」とお客様の心情を理解せずに対応することになり、ときとしてクレームに発展することは容易に想像がつくはずです。

このように、**あなたが業務で提供しているモノやサービスは、お客様にとって手段であって目的ではありません。**

このため、お客様の立場に立って、**その先の目的を想像することが重要**です。

このようなお客様に寄り添った視点がクレーム対応の基本でもあり、クレームを未然に防ぐことにもつながります。

では、仕事とはなんでしょうか。

仕事とは、お客様の悩み・欲求を解決するという**「問題解決」**です。

例えば、私もラーメンが大好きなのですが、ラーメン屋はラーメンを提供することで、「お腹がすいた」という悩みを解決するだけでなく、私を幸せな気持ちにしてくれます。

そして、美味しいラーメンを見つければ、見つけたことを周囲に話し、自慢する欲求を満たすことができます。

また、ホッチキスは、ただ紙をとめるだけでなく、「資料がばらばらになってしまい、会議や商談の場での説明がスムーズに進まない」といった悩みを解決しています。

では、クレーム対応は仕事ではないのでしょうか。**クレーム対応も問題解決の一つで**す。

自分の担当部署の仕事とは関係のないことで延々とクレームを言われることはよくあるケースです。お客様は、悩みを抱えて、どこに行ったら解決できるかわからずにあなたの部署に訪れただけなのに、そこであなたから冷たくされたという可能性はないでしょうか。

仕事とは問題解決なので、お客様の悩みを解決できる部署に案内するところまでがあなたの役割だと思います。

そのため、**あなた方、一人ひとりがクレーム対応のプロとして問題解決を行う**必要があります。

そして、この意識があれば、「**『自分は悪くないのに、なぜクレーム対応をしなくてはいけないのか』と思っていた考えは間違いだった」ということに気づくはず**です。

第2章

クレーム対応の基礎

「心構え」と非言語の影響力

心構えは、自分にも相手にも強い影響を与えます。実際、「お客様の恐れを解決しよう」という「心構え」があれば、クレームは90％以上解決したのも同然です。

なぜなら、この心構えが、微妙な身ぶり、手ぶり、表情、声のトーンといった「非言語コミュニケーション」を通してお客様に伝わり、強い影響を与えるからです。

「私は敵ではなく味方です」というメッセージが非言語でお客様に伝わり、そこではじめてお客様は話を聞く体制ができます。

だから、第一声でクレーム対応がうまくいくかどうかはほとんど決まっています。

「電話対応」は、声のみであるため、非言語コミュニケーションの介入の余地がないように思えるかもしれませんが、逆に相手は唯一のコミュニケーション手段である声に集中して判断するため、話す内容よりも、その声に乗って伝わるトーンや感情といった非言語コミュニケーションが大切です。

そのため、そのもととなる心構えが重要です。

「メール」は、短期的・個人的な精神的ダメージは少ないものの、ディスコミュニケーションから長期化・深刻化する可能性も高くなります。

メール対応では、お客様がどんな方かわからず、文章しかコミュニケーション手段がありませんが、そのような中でも、**心構えが文章に表れます。**

ちなみに、クレーム対応は、直接対応を基礎として、電話、メールの順に難易度が上がるため、簡単なほうに持ち込むことが重要です（非言語の影響力が弱いほどクレーム対応の難易度が高くなります）。

非言語は強い影響を与える（メラビアンの法則※）

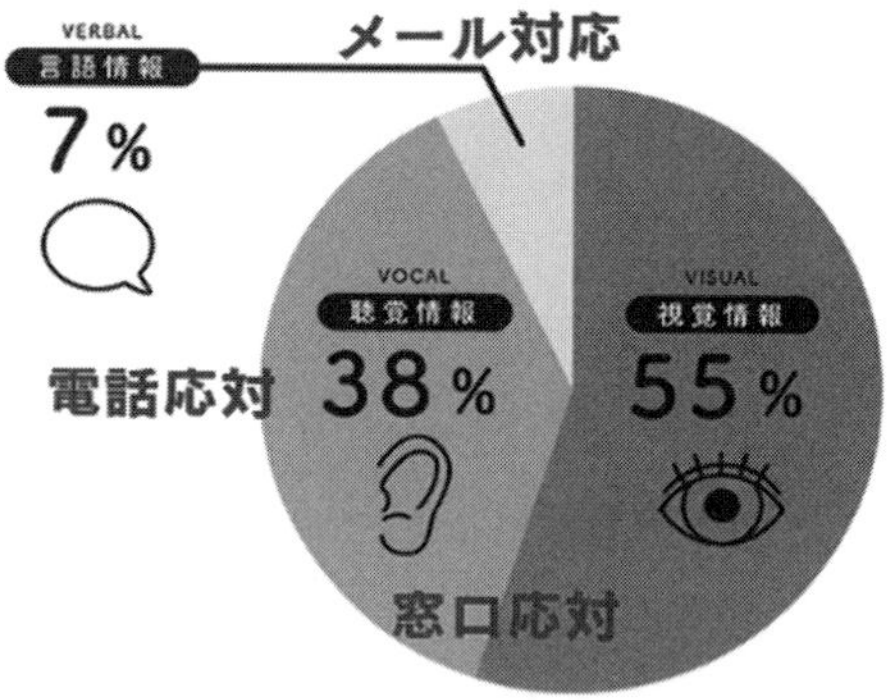

© 株式会社めんたいバース企画

※**メラビアンの法則**とは、人と人とのコミュニケーションにおいて、言語情報が7%、聴覚情報が38%、視覚情報が55%のウェイトで影響を与えるという心理学上の法則の一つ。

クレーム対応は最強の「大人」人格で対応

クレーム対応を行う際に、覚えてほしいことがあります。それは、「交流分析」です。交流分析は、エリック・バーンによって提唱された心理学です。

人間の心の構造には、4つのパーソナリティ（批判的な親、養育的な親、無邪気な子ども、従順な子ども）が内在しており、さらにその4つのバランスを統合してコントロールしている「理性的で合理的な大人の心」があるとされています（36ページ参照）。ほとんどの人はどれかに偏っており、それぞれのパーソナリティには相性があります。例えば、あなたのパーソナリティが「養育的な親（母性）」だった場合、相手が「批判的な親（父性）」であれば、母性をアピールして世話をやくと素直になってくれるかもしれません。

逆に、あなたのパーソナリティが「従順な子ども」だった場合は、相手が「批判的な親」であれば、あなたは萎縮する可能性もあります。

「大人」は、理知的なパーソナリティであり、誰もが仕事で使い分けていますが、こちらが大人で対応すると、相手も大人で対応してしまうという特徴があります。

そこで、あなたが（お客様のペースに合わせず）**「大人」の人格で対応すれば、パーソナリティの相性に左右されず、クレーム対応の**

〈エゴグラム〉

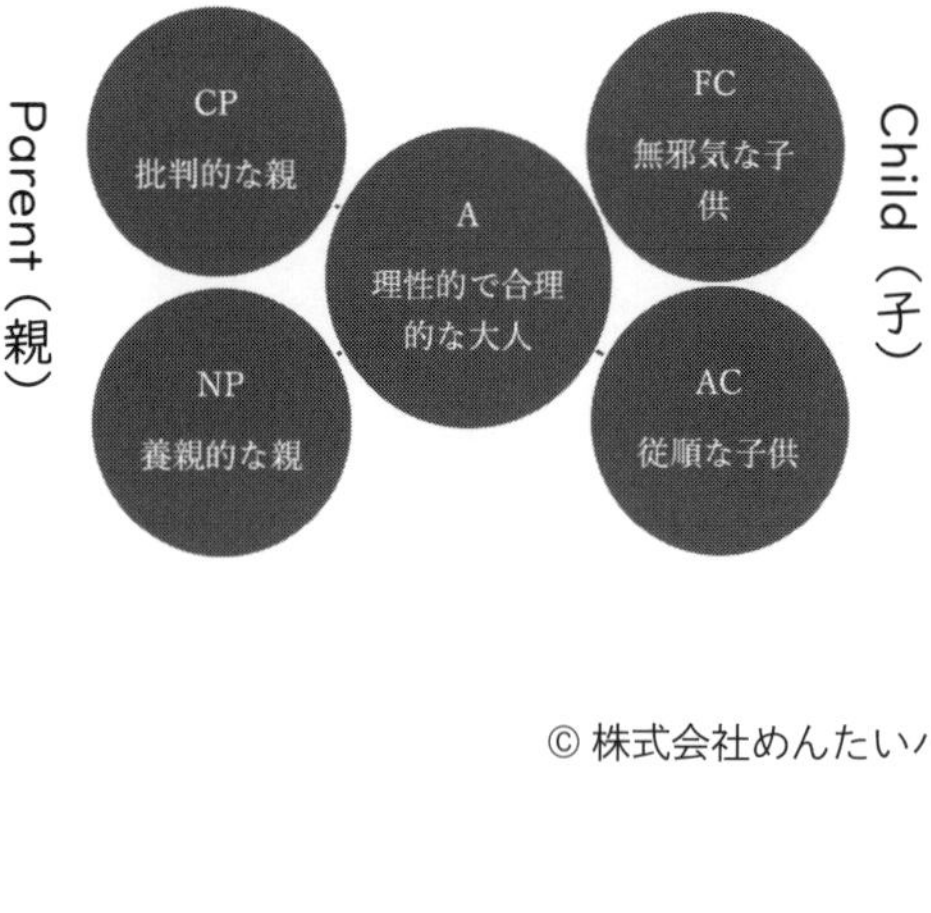

再現性が上がります。

一貫性（ロジカルシンキング）とは

前章でも説明したように、クレーム対応では、対個人間だけでなく組織としてもお客様に不信感を持たれないために、一貫性がとても重要です。また、説得力を持たせるためにも一貫性は必要です。

一貫して筋が通っているように考えるためには「**ロジカルシンキング**」が必要です。ロジカルシンキングができるようになれば、**クレームはより早く解決**します。

ロジカルシンキングとは、一般的に物事を結論と根拠に分け、その論理的なつながりを捉えながら物事を理解する思考法です。

クレーム対応において、制度やルールは、お客様にとって制度やルールを決めた側の都合にしか思えないので、お客様が共感・納得できるように、「**公的な理由や根拠**」を説明します。

このためには日頃から、仕事を表面上ではなく、なぜそうなのかを論理的に理解する必要があります。具体的には、なにに基づいて仕事をしていて、それはどういった理由、背景でできたのかということを理解します。

第3章

クレームは「氷山の一角」情報

最初に出てきた言葉を鵜呑みにしない！

「心構え」で「私は敵ではなく味方です」というメッセージがお客様に伝わったら、次は「**ヒアリングと承認**」です。

人は、自分自身の悩みや問題を言語化することは大変難しいと言われています。多くの場合は、最初に出てきた言葉は事実ではなく「**解釈に基づく感情（「氷山の一角」情報）**」です。

例えば、家で病気の子どもが待っているなどの事情があって、早くあなたのサービスの提供を受けて家に帰りたいお客様がいたとします。

しかし、このお客様から出てくる情報は、「急ぎたい」気持ちを表した「感情情報」なので、本来のサービスの提供を受けるために必要な情報がわかりません。

「なにが欲しいのか」「なにが必要なのか」という本来求めている情報の提供がないため、あなたからあれこれ的外れな質問を受けて時間がたっていくのです。

ならば、「このお客様の真の問題（もしくは、家の子どもが心配なことが問題かもしれない）」が、早くわかれば解決につながるわけです。

しかし、お客様から出てくる言葉としては、「急いでいるので早くしろ」「いい加減にしてくれ」という感情情報だけが出てくるわけです。

つまり、**最初に出てきた言葉を鵜呑みにするのではなく、事実を見ていく必要があります。**

「なぜ、お客様はこんなことを言っているんだろう？」という視点を持つ

では、どうやって、お客様の真の問題や悩みを聞き出せばいいのでしょうか。それは、「**なぜ、お客様はこんなことを言っているのだろうか？」**

最初に出てきた言葉は、「氷山の一角」と同じ感情。
その奥には、いろいろな事情や問題が隠れている。

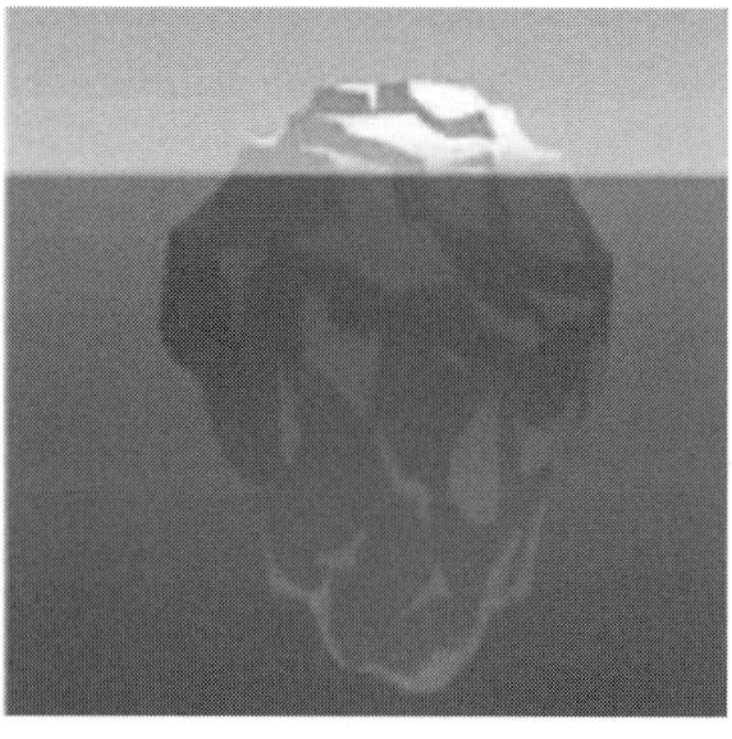

という視点を持つことです。それだけでも、自分の親や子どもに語りかけるように、自然に寄り添いながらヒアリングして、問題や悩みを聞き出せるはずです。

具体的には、「どうされましたか？」「具体的に言うとどういうことですか？」「なぜそう思われるのですか？」という**質問を重ねることで、お客様の悩みを明らかにしていきます**（細かい質問法がありますが、知識というより技術になりますので、本書では割愛します）。

そして、**質問の過程で出てきたお客様の感情を「承認（認める）」することで、感情面で落ち着き、あなたとの信頼関係が構築されます。**

「相手の立場」を想像すれば、言っていることがわかる

もう一つ、お客様の問題や悩みを聞き出す際の助けとなるものがあります。それは、**お客様の「立場」から問題を想像する**ことです。立場を想像することで、ヒアリングへの理解が促進されます。

電話対応では相手の姿が見えないため、お客様の立場を徐々に質問し、探ることが重要です。

【相手の立場を想像すれば、言っていることがわかる（代表的なもの）】

・経営者……売り上げ、従業員の雇用に対する恐れ
・会社員……上司や会社、プライベートに関する恐れ
・主婦・主夫……自己肯定感の欠如
・高齢者……自己重要感の欠如
・同業者……自分が受けたクレームを同業者に言ってしまう心理（自己重要感の欠如）

第4章

「できないこと」をはっきり伝える交渉術

「プリフレーム」を使うことで、ルールの中でお悩みを解決

ヒアリングと承認で、お客様との信頼関係が構築され、問題を聞き出せたら、最後は**「交渉」**です。

交渉とは、**「できないこと」をはっきり伝え、お客様に納得いただく**ことです。「できないことをはっきり伝えると、お客様に怒られるではないか？」と思われるかもしれませんが、**心配は無用**です。

心構えで相手に味方だと伝わり、ヒアリングや承認で信頼関係が構築されていれば、お客様はあなたの話を聞く体制は整っています。もちろん、多少の反発はあるかもしれませんが、この段階では反発というより「なんで？」という疑問です。

流れとしては、まず**「結論」（できないこと）をお客様に提示**します。これを**「プリフレーム」**といって、心理学用語では「前提」を意味しますが、クレーム対応では、制度やルールといった「結論」が前提になります。

次に、**プリフレームの「根拠・理由」を説明する**ことで、「なんで？」というお客様の疑問が解消し、解決はもう目の前です。

そして、**ルールの中で、一緒に問題解決の方法を考え、最善の提案を行います**。そうすると、大前提に沿って話が進み、お客様から見れば、「譲歩してもらった。自分のことを考えてくれた」という感謝の気持ちが生まれ、納得していただけます。

交渉の3つのポイント

それでは詳しく見ていきましょう。

交渉には①「プリフレーム」②「根拠・理由」③「ルールの範囲内で問題解決」の3つのポイントがあります。

そして、**①→②→③の順番でクレーム対応を進めることがなによりも重要**です。

まず、①「**プリフレーム**」ですが、クレーム対応においては、**制度やルールといった「結論」をはっきり伝える**ことです。

このプリフレームは、「**魔法のフレーズ**」と言われるくらい、ものすごい効果があり、

結論を話すことでレールが敷かれ、それに沿って話が展開できます。このプリフレームは、知識ではなく技術であるため、繰り返し練習することで身に付きます。

次に②**「根拠・理由」**ですが、ここでお客様に「できない」**ことの理由を伝えます。**制度やルールは、お客様にとっては制度やルールを決めた側の都合にしか思えません。

そこで、**制度やルールができた「公的な理由や根拠」を説明することにより、お客様は納得し、信頼感を得ることができます。**

このためには、**日頃から、仕事を表面上ではなく、なぜそうなのかを理解する**ことが必要です。そして、そのことにより日々の業務に応用もきいて、生産性も上がります。

最後に③**「ルールの範囲内で問題解決」**ですが、例えば、「問い合わせ先を調べたり」「お客様の困りごとを一緒に考える姿勢を見せたりする」など、あくまでもルール・制度の範囲内で問題解決の提案を行います。

【交渉の3つのポイント】

①プリフレーム（結論）

②根拠・理由

「魔法の3ステップ・クレーム対応術」でクレームは笑顔に変わる

ここまでご説明した、心構え、ヒアリングと承認、交渉をまとめたものが、**「魔法の3ステップ・クレーム対応術」**です。

「魔法の3ステップ・クレーム対応術」とは、筆者が独自に編み出したメソッドで、①**「お客様の恐れを解決するという心構えを持つ」**②**「ヒアリングと承認」**③**「交渉」**の3ステップでクレームを笑顔に変える対応術です。

クレーム対応は、直接対応→電話対応→メール対応の順にクレーム対応の難易度は高くなりますが、基本は変わりません。

ここからは、これまでの復習もかねて、基本となる直接対応をベースにステップを一つずつ見ていきましょう。

ステップ① お客様の恐れを解決するという心構えを持つ

犬の場合は、視線をそらす、体の側面を見せることで敵意がないことを表現すると言われていますが、人間も同様に「非言語コミュニケーション」で味方であることを示すことが重要です。

実際、「お客様の恐れを解決しよう」という「心構え」があれば、クレームは90％以上解決したのも同然です。なぜなら、この心構えが、微妙な身ぶり、手ぶり、表情、声のトーンといった非言語コミュニケーションを通してお客様に伝わるからです。

ステップ② ヒアリングと承認

次に、お客様がなにに恐れているのかをお尋ねするヒアリング方法と承認が必要です。多くの場合、人は問題や悩みを言語化することができません。最初に出てきた言葉は「氷山の一角」情報です。

このため、「**なぜ、お客様はこんなことを言っているのだろうか？**」という視点を持って、寄り添いながらヒアリングして問題や悩みを聞き出すことが重要です。

相手の「立場」から問題を想像することも大切です。悩みを引き出したら、その感情を「承認※」します。

※承認とは、例えば「そうですよね」「おっしゃるとおりです」などと相手を認めることです。

ステップ③　交渉

最後に、「できないことははっきり伝える交渉術」が必要となります。交渉は、けっして「勝ち負けではない」ということです。

交渉とは、立場や利害関係の異なる人に対し、お互い納得のいくゴールを目指して話し合うことです。

具体的には、こちらの大前提を最初にお客様に提示します。これを「**プリフレーム**（**前提として結論を伝える**）」と言います。

次に大前提の「**理由**」を説明します。そして、ルールの中で最善の「**解決策**」の提案をします。そうすると、レールに沿って話が進み、お客様に納得していただけます。

【交渉に必要なスキル】

①立場

相手がどういうポジションの人か、どんな権限を持っているか、さらに組織の中でどういったミッションを背負っているのかを把握します。

②関心事

相手のニーズを把握します。

③特徴

ここで言う特徴とは、相手のパーソナリティやコミュニケーションスタイルなどを指します。

大前提を話すことでレールに沿って話を展開できる

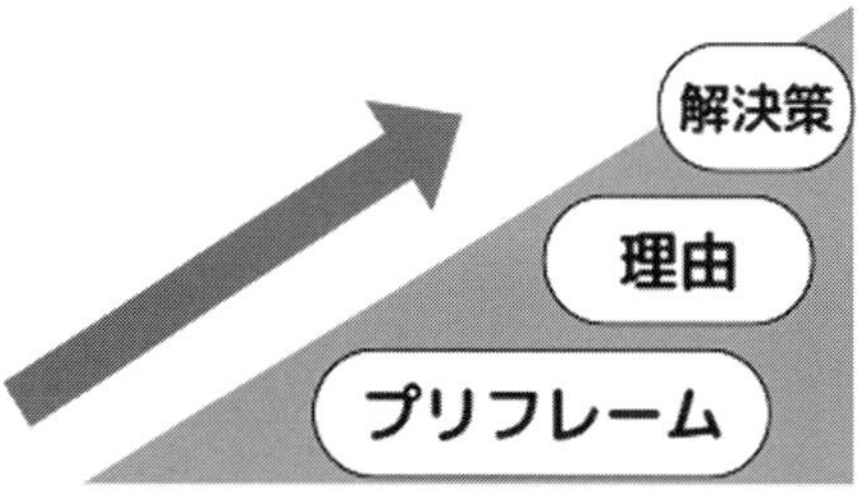

© 株式会社めんたいバース企画

例えば、性格や会話のテンポ、思考のスピードなどを把握します。

④ 法律

ハードクレーマーに対しては、脅迫罪や業務妨害罪がどういったことに該当するかという法律の知識が必要です。

⑤ 一貫性

お客様に不信感を持たれず、説得力を持たせるためには、一貫性が必要です。一貫して筋が通ってるように考えるためには、「ロジカルシンキング」が必要です。

より早くクレームを解決するためには

ここまで学んできたことを実践すれば、初めからスムーズにできるわけではありませんが、クレーム対応の意識を変えることで、これまでよりも早くクレームの解決ができるようになります。

クレーム対応は知識ではなく技術です。ディスコミュニケーションが起こる脳の仕組みを理解し、質問力や一貫性、交渉力を磨くことでクレームはより早く解決します。

第5章

「ハードクレーマー」への対応法

昨日買ったパソコン、電源入れたけど動かないんだよね…
よく見たらねじが1本外れてた。
これって不良品だろ！そんなの売りつけるなんてひどいな〜
申し訳ありません！
ネチネチ
口で謝るだけじゃなくて態度でも示せ！
土下座して謝れ！
でないと、ネットにお前と店の名前を書くぞ！
……
ハードクレーマーの対応
ポイントは3つ
①毅然とした対応
②状況に応じて録音
③法律知識の活用
「威力業務妨害」「脅迫罪」「名誉毀損罪」は最低限、知っておこう！

私どもが販売したパソコンが不良品だったとのこと、大変失礼いたしました。

無料で修理いたします。

キリッ
しかし、お客様がおっしゃられた「土下座しないとネットに名前を書くぞ」は脅迫されてますか？

うっ…

「金銭の要求を目的とするもの」への対応法と見極め方

クレームは「感情的なもの」と「金銭の要求を目的とするもの」に大別されるとお話ししました。前章で、これまでは「感情的なもの」に対する対応法を学んできましたが、この章では**「金銭の要求を目的とするもの」**への対応法を学びます。

「感情的なもの」と「金銭の要求を目的とするもの」の**クレームの見極め方としては、①「金銭や利益の要求がある」②「一貫性がある」の2点に注目**します。

金銭や利益目的のクレームは、最初は感情的なものに思えても、**途中から金銭などの要求をほのめかすものに変わるなど、一貫性がありません。**

ここで一つ言っておきたい重要なことがあります。それは、**「金銭の要求を目的とするもの」であったとしても、ほとんどの場合は「感情的なもの」である可能性があります。**

例えば、生まれたときから悪意のある人間はなかなかいないはずです。きっと、なんらかの事情があるのではないでしょうか。なので、**なぜ悪意を持つに至ったかを想像することが大切**です。

このため、**ハードクレーマーへの対応でも、これまで学んできた、お客様の恐れを解決しようとする「心構え」「ヒアリングと承認」「交渉」を行うことで、結果的に早くクレームを解決できます。**

ただし、ハードクレーマーに対しては、左記の対応が必要です。

ハードクレーマーへの対応の基本と各種法律

ハードクレーマーに対しては、**毅然とした対応や状況に応じて「録音」が必要**です。**脅迫罪や業務妨害罪などがどういったときに該当するかという法律の知識**も覚えておいたほうがいいでしょう。

あわせて、**立証責任**※**は誰にあるか、または管理者などにどの程度の注意義務があるかを把握し**、対処します。

ほとんどの場合、法律を口に出さなくても、法律で対処できるという自信が非言語で

伝わり、相手は踏み込めません。法律のすべてを覚える必要はありませんが、**「威力業務妨害罪」「脅迫罪」「名誉毀損罪」**の３つはできるだけ覚えてください（もし余裕があれば、63ページの参考の**「工作物責任」**も。

万が一、法律を口に出さざるを得ないときは、例えば「録音していいですか？」「それって脅しですか？」と質問系で尋ねましょう。相手は踏み込めなくなります。

※立証責任とは、被害の「事実」を、被害者か加害者のどちらが証明する責任を負うのか（証明できなかった場合、その事実は認定されないことになる）というルールです。基本的には「訴えた側」が立証責任を負うことになります。

【ハードクレーマーに対抗するシチュエーション別の法律】

次に挙げる６つの法律のうち、１～３の「威力業務妨害罪」「脅迫罪」「名誉毀損罪」の３つはできるだけ覚えてください。

1　大声、無言電話による業務妨害→「威力業務妨害罪（刑法234条）」

威力を用いて人の業務を妨害した場合には、威力業務妨害罪が成立します。「威力」というのは人の意思を制圧するに足りる勢力を意味します。大声で怒鳴り続けることや、机を音を立てて叩き続けることも「威力」に該当します。

その他、店内で暴れたり騒いだりする行為、店員を大声で怒鳴る、他の客に喧嘩を売る、特定の相手に対して執拗に迷惑電話をかけることも対象です。また、無言電話も対象となりえます（飲食店に対して3カ月で約970回で有罪となったケースもある）。

2　脅されたら→「脅迫罪（刑法222条）」

生命、身体、自由、名誉または財産に対し害を加える旨を告知する脅迫を行った場合には、脅迫罪が成立します。

「土下座をしろ」と言うだけでは脅迫罪は成立しませんが、例えば「土下座をしなければお前をネットにさらすぞ」と発言した場合には、名誉に対して害悪を告知したことになり、脅迫罪が成立する可能性があります。

３　みんなの前で社会的評価を傷つけられたら↓「名誉毀損罪（刑法２３０条）」
嘘か真実かを問わず、公然と事実を摘示し、人の名誉（社会的評価）を毀損した場合には、名誉毀損罪が成立します。

従業員を土下座させた上でその様子を写真・動画に撮り、ＳＮＳで拡散したような場合には、名誉毀損罪が成立する可能性があります。

ただし、起訴されていない人の犯罪行為に関する事実など、多くの人にとって利害関係にある「公共性のある事実」と判断されたものについては、名誉毀損が成立しません。

なお、**悪口など主観的な「評価」だけを公然と摘示する場合は、「侮辱罪（刑法２３１条）」に該当する可能性があります。**侮辱罪とは「事実を摘示しなくても、公然と人を侮辱した者」が該当する罪です。

４　脅されて金品をゆすり取られたら↓「恐喝罪（刑法２４９条１項）」
人を恐喝して財物を交付させた場合には、恐喝罪が成立します。「恐喝」とは、財物を交付することを目的として脅迫することをいいます。

ここでいう「脅迫」とは、「人をして畏怖の念を生ぜしめるに足りる害悪の通知であって人の反抗を抑圧する程度に至らない場合をいう」（東京高裁昭和31・1・14判決）とされています。

5　土下座を強いられたら↓「強要罪（刑法223条）」

謝罪の方法は自由なので、人に土下座を強いることは、義務を超えた行動をさせるものであり、強要罪という犯罪となります。

強要罪は、暴行・脅迫を用いて、人に義務の無いことをさせたり、権利を行使することを妨害した場合に成立し、3年以下の懲役刑となる旨が規定されています。

〈判例〉

家族の名前を間違えて呼んだ病院職員に対して、「殺したろか」という罵声を浴びせて土下座を強要した事件で、通報を受けた警察が強要罪・脅迫罪・威力業務妨害罪の疑いで逮捕したケース（2021年3月）。

6　**退去を要求したにもかかわらず退去しない場合→「不退去罪（刑法130条）」**

要求を受けたにもかかわらず店や事業所・事務所などから退去しなかった場合には、不退去罪が成立します。例えば、「お引取りください」などと退去を促したにもかかわらず、退去しない場合には不退去罪に該当します。

【参考】

また、次に挙げる「**工作物責任**」「**製造物責任法（ＰＬ法）**」も覚えておくようにしてください。

特に、1の「**工作物責任**」**はできるだけ覚えてください。**「工作物責任」のポイントは、工作物と被害との因果関係を証明するのは被害者であるということです。

例えば、「この看板のせいで怪我をした。弁償しろ」とクレームを言う側に、**看板（工作物）のせいで怪我をしたことを証明する責任があります。**また、工作物の管理者は、**想定しない異常な行動や、異常な自然力の安全性まで管理責任は問われません。**

2の「**製造物責任法（ＰＬ法）**」は、例えばおもちゃ（製造物）を誤って飲み込んだときなどに争われます。

ポイントは、**製品（工業製品、加工食品など）に「欠陥」があれば、製造業者の責任が認められる可能性があること**です。使用者の誤使用の場合でも製造業者の責任が認められたケースもあり、**注意表示を行う、ＰＬ保険に加入するなどの検討を行う必要があります。**

１　工作物責任（民法７１７条）

工作物責任とは、例えば、看板が落下して、通行人が死傷したり、車が破損したりした場合のように、建物など工作物の瑕疵《かし》（きず、欠点や決陥などがあること）により、他人に損害が生じた場合の損害賠償責任です。

〈立証責任〉

被害者は、工作物の設置・保存の瑕疵と損害との間に因果関係があることを主張・立証しなければなりません。

〈工作物の設置・保存の瑕疵〉

その工作物（道路、エレベーター、防護柵など）が、「通常予想される危険」に対して「通常有すべき安全性」を備えていれば、その工作物に瑕疵はないと判断されます。つまり、**想定しない異常な行動や、異常な自然力の安全性まで管理責任は問われません。**

逆に、事故が十分予見可能で、回避措置を十分講じることができたにも関わらず、回避のための措置を怠ったと評価されてしまう場合には、「通常有すべき安全性」を欠いていると判断され責任を負う可能性が高いと考えられます。

なお、工作物の所有者は、故意・過失がなくても責任を負わなければなりません（無過失責任）。

2　製造物責任法（ＰＬ法）

製造業者などが、欠陥のある製造物（工業製品だけでなく食品も含む）を引き渡したことにより、他人の生命、身体、財産を侵害した場合、製造業者などは、これによって生じた損害を賠償しなければなりません（同法３条）。つまり、**製造業者などは、製造物に「欠陥」があれば、企業側に過失がなくても責任を負わなければなりません**（無過失責任）。

〈立証責任〉

被害者は、製造物の具体的な欠陥の推認を主張・立証すればよい。裁判例においても、被害者は、事故発生の機序（しくみ）まで主張立証する必要はなく、製造物を適正な使用方法で使用していたにもかかわらず、通常予想できない事故が発生したことを主張立証することで足りるとされています。

〈PL法制定の背景〉

被害者は加害者の「故意または過失」について、立証しなければならないのが法律上の大原則ですが、近年、さまざまな製品を入手できるようになり、生活の利便性が向上する一方で、欠陥製品の事故による被害者の数も急増していきました。

このとき、被害者が製造業者の「故意や過失」の具体的な内容を立証することは簡単ではなく、酷であるという考え方が強く支持されるようになりました。

このため、**製造業者の「故意や過失」の有無を問わず、製品に「欠陥」があれば、製造業者の損害義務を認めるべきとして、1995年7月1日にPL法が施行**されました。

〈製造物責任の欠陥〉

製造物責任の欠陥においては、製造物が「通常有すべき安全性」を備えていたか否かが重要な争点となりますが、**使用者の誤使用であっても、通常合理的に予期、予見される使用形態であれば、製造物の欠陥の有無の判断に当たっては適正使用とみられたケース**もあります。

製品を製造する企業である限り、どんなに注意していても欠陥製品を流通させてしまう可能性があるため、社内の危機管理体制を整備するとともに、注意表示を行う、ＰＬ法への備えとして保険に加入するなどの検討を行う必要があります。

コラム

企業・自治体における組織的なカスタマーハラスメント対策

それは本当に悪質なカスハラですか？

まえがきでもお話ししましたが、厚生労働省が令和2年10月に行った企業調査によれば、パワハラ（48・2％）、セクハラ（29・8％）に続いて、**カスハラ（19・5％）が多く、近年増加している**可能性があるとしています。

2022年2月には、同省が「カスタマーハラスメント対策企業マニュアル」を公表し、現在、小売りや製造、医療、介護などあらゆる業界でカスハラ対策が進んでいます。任天堂も、2022年10月、「修理サービス規程／保証規程」に「カスタマーハラスメント」の項目を初めて盛り込みました。また、首都高お客様センターなど、繰り返される理不尽な要求に対し「切電《きりでん》マニュアル」を整備している企業もあるようです。ちなみに、自治体も企業同様、毎日のように窓口や電話などでクレームがあります。

カスハラについては、ＵＡゼンセンなどさまざまな団体が調査をしていますが、カスハラが増加している背景としては、「コロナ禍での閉塞感や孤立感の増大」「高齢化※」、「ＳＮＳの普及による顧客側の発言力の増大」などが言われています。

※「迷惑行為をしていた顧客の推定年齢」（２０２４年ＵＡゼンセン調べ）では、50～70代で75・7％と全体の約８割を占め、そのうち60代が29・４％と最多となっています。

私見では、物質面では便利な世の中になっている一方で、コロナ禍もあいまって、本来、人との輪で満たされるべき「認められたい」「つながりの中で安心したい」といった欲求が満たされづらい世の中になった結果、孤独感や不安感など漠然とした「恐れ」がクレームという形で表面化しているのではないかと考えています。

つまり、一見、不当な要求目的の悪質なカスハラに見えても、ほとんどの場合は「感情的なもの（不安や恐れ）」である可能性があります。

ところが、現場では、マニュアル、テクニックといった表面的な対応となっていることも多く、「カスハラがきた！　怖い、面倒だ」という先入観が、微妙な身ぶり、手ぶり、表情、声のトーンといった非言語コミュニケーションを通してお客様に伝わり、より事態を悪化させている一面も考えられます。

カスハラ対策＝マニュアル整備など組織体制＋クレーム対応教育

もっとも、決してマニュアルを否定しているのではなく、後述のとおり企業にはカスタマーハラスメントを防止する義務があるため、組織的にマニュアルを整備し、任天堂のように悪質なカスハラに屈しない姿勢をみせるべきです。

要は、マニュアルだけでは不十分で、マニュアル整備など組織体制の構築と合わせて適切なクレーム対応を学ぶことで、顧客満足度と組織の生産性の向上につながるということです。

では、ここから厚生労働省「カスタマーハラスメント対策企業マニュアル」を踏まえながら、どのように組織的にカスハラに対応していけばいいかについて概要を解説します。

企業によって状況は違うと思いますので、各企業の実情を踏まえ、マニュアルの整備や弁護士などとの連携や**組織体制を構築したり、クレーム対応の研修などを通じたりして従業員や相談応対者（上司、現場監督者）を教育することが必要**です。

なお、最後に、脳の仕組みを利用して、繰り返される理不尽な電話を終わらせる、とっておきの方法をお伝えしますので、楽しみにしてください。

カスタマーハラスメントの定義

厚生労働省「カスタマーハラスメント対策企業マニュアル」によれば、カスタマーハラスメントとは「**顧客などからのクレーム・言動のうち、要求の内容の妥当性に照らして、要求を実現するための手段・態様が社会通念上不相当なものであって、当該**

手段・態様により、労働者の就業環境が害されるもの」と定義されます。

【代表的なカスハラの例】

・従業員に対して暴力をふるう、暴言、罵声を浴びせる
・店舗に来て大声で怒鳴りながらクレームを言う
・些細なミスについて、「いますぐ来い」などと呼び出す
・男性顧客が女性従業員にセクハラまがいの言動をする
・土下座を求める
・ネットに書くといって脅す
・担当者を解雇しろと会社に要求する
・合理的な理由なく金品を要求する
・不合理な特別待遇を要求する
・電話で1時間以上拘束する

カスタマーハラスメントに関する企業の責任

企業および事業主として適切な対応をしていない場合、被害を受けた従業員から責任を追及される可能性があります。判例を通じても、企業、組織にとってカスタマーハラスメントに対して十分な対応をとることの重要性が理解されます。

企業には安全配慮義務の一環として、カスタマーハラスメントを防止する措置をとる法律上の義務があります（東京地方裁判所平成11年4月2日判決など）。

企業が取り組むべきカスタマーハラスメント対策の8つの基本枠組み

1　カスタマーハラスメントを許さないという姿勢を明確化

組織のトップがカスハラから従業員を守るという姿勢や、カスハラ対策の取り組みの「基本方針・基本姿勢」を明確に示し、従業員の対応の在り方を周知・啓発し教育する。

これにより、**企業が従業員を守り、尊重しながら業務を進めるという安心感が従業員に**

育まれる。また、カスハラを受けた従業員もトラブル事例に関して発言しやすくなり、**トラブルの再発防止につながる**（74ページ出典参照）。

2　従業員（被害者）のための相談対応体制の整備

カスハラを受けた従業員が相談できるように「相談対応者」を決めておく、または「相談窓口」を設置し、従業員に広く周知する。人事労務部門や法務部門、弁護士などとの連携できるような体制を構築するとともに、マニュアルを整備し、**相談応対者向けにカスハラかどうかの判断、ケーススタディに応じた対応例など定期的に研修などを実施する**（75ページ出典参照）。

基本方針の例

弊社は、お客様に対して真摯に対応し、信頼や期待に応えることで、より高い満足を提供することを心掛けます。

一方で、お客様からの常識の範囲を超えた要求や言動の中には、従業員の人格を否定する言動、暴力、セクシュアルハラスメント等の従業員の尊厳を傷つけるものもあり、これらの行為は、職場環境の悪化を招く、ゆゆしき問題です。

わたしたちは、従業員の人権を尊重するため、これらの要求や言動に対しては、お客様に対し、誠意をもって対応しつつも、毅然とした態度で対応します。

もし、お客様からこれらの行為を受けた際は、従業員が上長等に報告・相談することを奨励しており、相談があった際には組織的に対応します。

出典：２０２２年１０月厚生労働省「カスタマーハラスメント対策企業マニュアル」より

3　対応方法、手順の策定

カスハラ行為への対応体制、方法などをあらかじめ決めておく。社内の関係部門に加え、個々の企業としての**弁護士との連携や、業界として所管官庁との連携**を行う。また、各社の業務内容、業務形態、対応体制・方針などの状況に応じて、あらかじめ対応方法や例を準備しておくことが重要である。

【現場でのクレーム初期対応】

・対象となる事実、事象を明確にした上で**「限定的に謝罪」**する。

・**状況を正確に把握**するとともに、今後、顧客と連絡が取れるように、顧客の名前、住所、連絡先などを把握する。

・現場監督者または相談窓口に**情報共有する。**本書でもお伝えしているように情報共

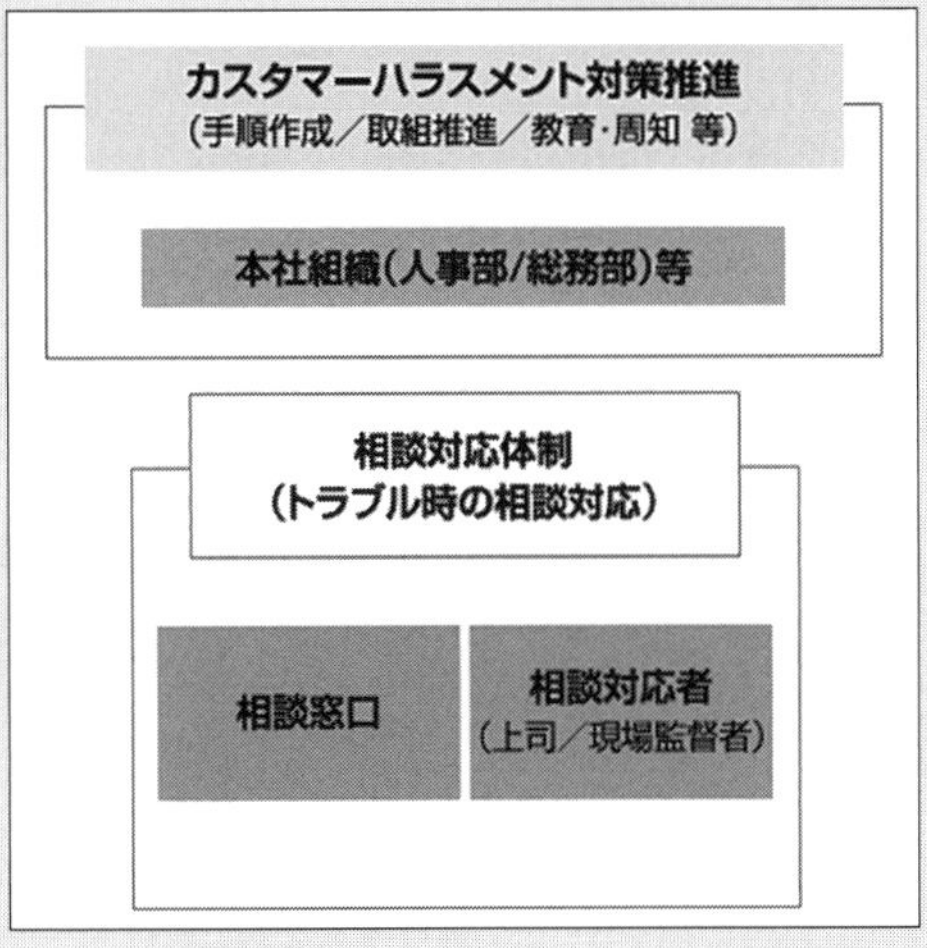

出典：２０２２年１０月厚生労働省「カスタマーハラスメント対策企業マニュアル」より

有しなかったことが更なるクレームにつながる。

【カスハラが疑われる場合の対応】

・現場での対応

2名以上で対応し、必要があれば相手の了解を得て録音する。場合によって時間・人・場所を変えて対応する。一貫性がないことを不信に思われるため、決して、**その場限りの対応はしない。**

・電話での対応

基本的には第一受信者が責任を持ち、**問い合わせ案件のたらい回しをしない。**即答できない内容については事実を確認してから追って返事をする。途中で電話を中断するときは、**社内での相談内容が漏れないように必ず電話の保留機能を利用**する。

・顧客訪問による対応

冷静になりにくい時間帯（夜間や早朝）の訪問は避ける。喫茶店など周囲から会話を聞かれる場所や会社で決められた場所以外には行かない。**できるだけ2名で行く**（言った、言わないの水掛け論に発展する可能性があるため）。

本書では、右記を踏まえた具体的な対応方法として、**お客様の恐れを解決しようとする「心構え」「ヒアリングと承認」「交渉」を行うこと**で、お客様の問題を解決し、クレームを3分で笑顔に変える方法を推奨しています。**多くの場合、不当な要求目的の悪質なカスハラに見えても「感情的なもの（不安、恐れ）」であるため**です。

悪質なカスハラに対しては毅然とした対応や録音、法的措置の対応も必要ですが、基本は同じです。法律で対処できるという自信があれば、法律を口に出さなくても非言語で伝わり、相手は踏み込めません。

◆詳しくは、2022年10月厚生労働省「カスタマーハラスメント対策企業マニュアル」、本書の第1部第5章「ハードクレーマー」への対応法（56ページ）をご参照ください。

4　従業員への教育・研修

顧客などからの迷惑行為、悪質なクレームにおける具体的な対応について、研修などにより従業員を教育する。研修などに関しては、可能な限り全員が受講し、かつ定期的に実施することが重要である。

教育する内容としては、経営層のメッセージを含めることや、あらかじめ定めた対応方法や手順、顧客などへの接し方のポイントといった接客実務に関する内容を盛り込むことが求められる。

5　事実関係の正確な確認と事案への対応

カスハラに該当するか否かを判断するため、顧客・従業員などからの情報をもとに、その行為が事実であるかを確かな証拠・証言に基づいて確認する。事実に基づき過失がある場合は謝罪などを行い、過失がない場合は要求な

一般的な事実関係の整理・判断フロー

①時系列で、起こった状況、事実関係を正確に把握し、理解する。

▼

②顧客等の求めている内容を把握する。

▼

③顧客等の要求内容が妥当か検討する。

▼

④顧客等の要求の手段・態様が社会通念上相当か検討する。

事実関係を確認する際には、トラブルの状況を録音/録画されたものを、対応者が相談者(事案担当者)とともに確認すると、より状況を正確に把握することができます。

出典：厚生労働省「カスタマーハラスメント対策企業マニュアル」より

どに応じない。事実かどうかの判断については、**個別に状況を判断せず、周囲や管理者に相談するなど複数人で判断**する。

相談（窓口）対応者が事実関係を整理する流れは、78ページの図表のとおりである。

6　従業員への配慮の措置

被害を受けた従業員に対する措置を適正に行う（複数名で組織的に対応し、メンタルヘルスの不調に対応する）。具体的には、従業員の安全確保のため、顧客から従業員を引き離し、状況に応じて、弁護士や管轄の警察と連携を取りながら、本人の安全を確保するなどの対応がある。

また、精神面の配慮として、顧客などからの言動により、従業員にメンタルヘルス不調の兆候がある場合、産業医などに相談対応を依頼してアフターケアを行う、または専門の医療機関への受診を促す。

7　再発防止への取組み

ＰＤＣＡを回し、定期的な見直しや改善を継続的に行う。発生した事案に対応するだけでは、同じことが繰り返される可能性がある。プライバシーに配慮しつつ事案発生時の従業員への共有や、それ以外には研修やEラーニングによる周知方法が考えられる。

8　相談者のプライバシーの保護

相談者のプライバシーを保護し、相談したことを理由として不利益な取り扱いを行ってはならない旨を定め、従業員に周知する。

以上が、厚生労働省「カスタマーハラスメント対策企業マニュアル」を踏まえ、組織的なカスハラ対応の概要になります。

最後に、脳の仕組みを利用した、奥の手というべき、カスハラ対応をお伝えします。なぜ、最後にもってきたかというと、相手の話をさえぎったり、切電《きりでん》を伴うため、本当にカスハラかどうか見極めて行わないと、更なるクレームにつながる可能性があるからです。また、会社が社員を守ってくれる安心感がないと従業員として実行が難しいからです。それでは解説していきます。

「脳の仕組み」を利用したカスハラ対応

脳の仕組みというと、難しく聞こえるかもしれませんが、**「人は同時に2つのことを考えるのは難しい」**という原則があります。例えば、いろんな人からあれこれ言われると脳の処理能力を超えてパニックになったり、途中で話が脱線した場合「さっきなんの話をしていたっけ？」となったりしたことはありませんか。

これには理由があって、脳には「空白の原則」「焦点化の原則」というものがあり、これが関係しています。

「空白の原則」とは、例えば質問を投げかけることで相手の脳に空白ができ、その空白を埋めようとする脳の働きのことです。

「焦点化の原則」とは、空白を埋めようとするときには、その問いを埋めようとすることのみ焦点が当たり、他のことに意識を向けることができなくなるということです。

つまり、**なんらかのタスクを相手に振ると、一つのことしか考えられなくなる**というものです。これをカスハラ対応に応用します。

1　理不尽な要求や揚げ足取りを本題に戻す方法

脳の仕組みを利用すれば、理不尽な要求や揚げ足取りを本題に戻すことは難しくありません。

「**相手の話をさえぎって、本題に戻す**」、たったこれだけです。貴社に非がある部分があれば**限定的に謝罪して無理やり本題に戻しましょう**。相手は、先ほどの話（揚げ足取りなど）は忘れて本題にフォーカスしてしまうのです。仮に思い出したら、再度上記対応を繰り返します。

それでもクレームが解決しない場合は、以下の対応を視野に入れます。ちなみにこの方法は**債権回収に伴うクレームに絶大な効果**があります。

2　理不尽な要求に対して切電する方法

まず、切電を行ってもいい場合は、**次のいずれかに該当する場合のみ**です。

①　30分以上同じ内容を繰り返し主張する

②　要求内容が不当

③威圧的な発言・口調

切電の方法は至って簡単です。例えば、貴社の業務とまったく関係ない業務に対するクレームを繰り返し主張する場合は、**相手の話しを途中でさえぎって、直接クレームと関係する業務を行っているところの電話番号を伝えます**。すると、相手は反射的にメモをとってしまいます。そこですかさず相手に理由を伝えた上で電話を切って終わりです。

そんなことをして大丈夫かって？

心配無用です。上記に該当するカスハラであれば、クレーマーは**弱いところを標的にしているだけ**なので、ほとんど電話はかかってきませんし、おそらく電話番号を伝えたところにもクレームはいきません。仮に電話がかかってきた場合は、法的措置も踏まえ、第5章「ハードクレーマー」への対応法（56ページ）をご参照ください。

第2部　主な登場人物

池照太郎（18）……この物語の主人公
池照太郎（45）……未来から来た主人公
神さま……クレーム・カスハラを解決してくれるためのメンター
三宅係長……人のいい上司
福岡麗香……主人公の憧れの人
ジョン……近所の天川家の犬

第2部

クレーム・カスハラ対応のケーススタディ編

～池照太郎に学ぶクレーム対応物語～

俺の名前は池照太郎（45）
お客様大変お待たせしました
市民課
S市役所市民課に勤務しているベテラン職員で
クレーム対応を得意としている。
ただ、
これまで感覚で対応していて
部下に上手く教えられず
なんて言ったらいいのかな〜…
？
部下
自分で多くのクレーム対応をしていたため
クレーム対応で一日終わった…
身も心も疲れて果てていた。
そんな時不思議な老人が現れ…
初心に帰って学び直すのじゃ！
バーン
気がつくと俺は
新人時代の自分（18）の隣にいた…！
市民課
ちわっ!!
!?

「45歳の俺」は「18歳の俺」にしか見えないらしい。
やぁ
だれ？
おい、こわっぱ役人早くしろや！
僕は今月入ったばかりなんだから遅いのは仕方ないじゃん！
太郎(18)の心の声が聞こえる太郎(45)
誰か助けてよ～
そうだ！
研修か何かで、「大声には大声で対応」って教わったぞ…
そんで「怖いです」って言うんだったけ？
……
えぇん

確かにお待たせして大変申し訳ございませんが…
そんな大声でおっしゃられると私も…
怖いです!!
今のはまずいよ、お客様に恥かかせて。
それに、その使い方間違ってるよ…
悪質なクレームのときのテクニックじゃん！
※ふたりにしか聞こえない会話
え!?
だって悪質なクレームかどうかって、どう判断するの？
そう言われると、そうだな…
俺はどうやって判断してるんだろう？
おい、小僧!!
お前、全然悪いと思ってないだろ!?
さっきから上から目線で…
お前じゃ話にならん！上司出せ!!

今回は課長がお客様に謝罪してクレームは収まったわけだが…
申し訳ございません
実家暮らしの太郎(18)
クレームの種類は大きく分けて、2つあるんだ。
「感情的なもの」
「金銭の要求を目的とするもの」
¥
今回はコッチ
どうやって見分けるの？
それは今度教えるよ。
まだ早い。
まず理解しておいてほしいのは…
クレームの本質は
「恐れ」
ということなんだ!!
OSORE!?
詳しくは104ページへ

〈ケーススタディ❶　直接対応・クレーム対応の基礎〉

このパートでは、「**自分に落ち度がある場合**」でのクレーム対応を学びます。実際のクレームは、さまざまな事情が絡み合った「複合的なもの」となりますので、ケーススタディごとのクレーム対応は存在しません。

【解決・対応できるクレーム】

・担当者を代われと言われた場合（担当者の実力不足など）
・マニュアルどおりの対応で激怒された場合
・自分がミスにミスを重ねて激怒された場合（誤ったのに引継ぎしてなかったなど）
・こちらの態度が悪くて激怒された場合（上から目線など）
・すぐやれ、急げと言われた場合（お客様を待たせる）

プロローグ「18歳の俺」に出会う！

不思議な夢

俺の名前は、池照《いけてる》太郎《たろう》、S市の市役所市民課に勤務している。今、45歳。一応係長だ。

市民課は、住民票、印鑑証明書、戸籍などを発行する部署で、市役所の中でもお客様からのクレームが多い部署だ。

俺は、市民応対の経験は豊富で、クレーム対応が得意だ。

ただ感覚で対応していたため、部下職員に教えることもできず、いつも自分で多くのクレームを解決していたため、けっこう心身とも疲れていた。

でも、クレーム処理がうまくいったときは、自分の名前をもじって「イケてるだろう〜？」と言って、フレンドリーな感じをアピールするのだが、部下の反応は鈍かった。

ある日、窓口は職員が昼休みもとれないくらい混雑しており、並んでいるお客様からは「早くしろ！」と怒鳴る声が聞こえる。

室内では電話が鳴り響き、女性の部下が電話を取った。

クレームの電話だったようで、1時間半程度かかり、お客様から電話を切られて終わったようだ。

次の日からその部下は職場に出てこなくなった。

後になってわかったが、2カ月以上、部下は名指しの電話で同じクレームを受けており、とうとう病気になってしまったのだ。

公務員は採用、異動時期が決まっており、欠員が出ても人がすぐに補充されることはほとんどない。

頭数が減れば対応に時間がかかるため、さらにクレームが増え、一人二人と病気になっていった。

そんなとき、俺は不思議な夢を見た。

全身白い着物を着て、白髪で、杖をついたひげの長い老人が、自分に話しかけてきたのだ。

全身が青白く光り輝いていた。


「太郎、だいぶ疲れておるのう。大丈夫か？」

「あなたは、誰ですか？」

「お前を守っている者じゃ」

「守っている者？　えっ、じゃあ神さまとか？」


以前、そんなスピリチュアル系の本を読んだことがあった。


「まあ、なんと呼んでもかまわんが」

「そんなお方が、なんで私のところに？」

「お前が、わしに助けを求めたからじゃ」


俺は、そんなつもりもなかったが、神さまを呼び出してしまったらしい。

「お前の潜在的な意識が、わしを必要としたようじゃ。今お前は、とても疲労困憊していて、このままだと心も体も壊してしまいそうじゃ。なので、リハビリもかねて、お前を過去の世界に送ろうと思う。そこで、18歳の純粋な自分と出会い、さまざまなことを初心に帰って学び直すことじゃ」

「初心に帰れ、ということですね？」

「そうじゃ。今の辛い現実は、お前の傲慢さが招いたものじゃ。だから、初心に帰って、素直な気持ちで人生を学び直すことが必要じゃ。安心せい。わしはいつも見守っているぞ」

そこで、目が覚めた。

「神さまか……、不思議な夢だったなあ」と思いながら、俺はいつものように市役所に出勤した。

そして自分の席に着いたとたん、目の前が突然暗くなり、気を失った。

過去にタイムスリップ

気がつくと俺は、なにか懐かしい場所に座っていた。

記憶を辿っていくと、そこはなんと！　18歳のとき市役所に入って最初に配属された市民課だった！

月曜日の朝、市民課は、住民票を取得するためにお客様が長蛇の列をつくっていて、お客様はみなイライラしている。

目の前には、なんと！　窓口でお客様に怒鳴られている、新人の18歳の自分がいたのだ！

俺は、45歳の意識のまま、過去にタイムスリップしていた。

「えっ、神さまが言ってたの、これのこと⁉　あっ、皆さんこんにちは～(^^)」

と、そばの女性に声をかけたが、気づかなかった。

その隣の女性にも声をかけたが、誰も俺のことは気がつかない。

まるで透明人間である。

「どうなってんの⁉」

「おい、お前、早くしろや！　なにもたもたしてんねん‼」

お客様が、ますます声を荒げて、18歳の太郎に怒鳴っていたので、俺は混乱しながらも近づいて18歳の太郎に尋ねた。

「ねえねえ、なぜキミはお客様に怒鳴られているんだい？」

18歳の太郎は、俺の存在が見えて、声も聞こえているようだった。

彼は、上司か同僚が助けに来たかと思って、振り向いて答えた。

「実は、研修どおりにやったんですけど、なんで怒られているのかわからなくて……」

「おいお前、なめてんのか‼　こわっぱ（とるに足らない）役人が！」

お客様は、18歳の太郎のその言葉にさらに激怒してしまったのである。


【解説】

透明人間としての太郎（＝45歳の俺）の存在は、誰にも見えないが、18歳の太郎には見え、会話もできる。

1　僕のどこがいけないのだろう？

――18歳の太郎は、職場研修や本を参考に、（表面上の）丁寧な対応とクッション言葉、共感を示しつつも、時には大声には大声で対応していたが、お客様から返ってきた反応は激怒だった。

中年男性に怒鳴られる

「なめてんのか。てめえ!!　こわっぱ役人が！」
「いや、あなたに言ったわけではありません。この中年の男性に言ったんです！」

と、18歳の自分は、俺を指さして言った。

「お前、俺をバカにしてんのか。誰もいねえじゃねぇか。お前殴られたいのか？」

「45歳の俺」は、「18歳の俺」にしか見えない。

すると、18歳の俺の「心の声」が聞こえてきた。

（えっ、そんなはずは。もしかして、僕だけ見えてんの?? 落ち着け。そうだ！ 確かなにかで「大声には大声で対応」と教えられたぞ。そんで、『怖いです』って言うんだったっけ？）

突然、18歳の太郎が、

「確かにお待たせして大変申し訳ございませんが、そんな大声でおっしゃられると私も怖いです！」

と、大声でその中年の男に言った。まわりの市民もその大声に振り向いた。

それはまずいよ、お客様に恥かかせて。それに、その使い方間違ってるよ。悪質なクレームのときのテクニックじゃん」

　俺は太郎に言った。

「えっ、だって悪質なクレームかどうかって、どうやって判断するの？」

「そう言われると、そうだな。俺はどうやって判断してるんだろう？」

「おい、お前全然悪いと思ってないだろう⁉　さっきから上から目線で。お前じゃ話にならない、上司出せ‼」

　その後、何度かやり取りしたが収拾がつかず、事情を説明して、上司の三宅係長に代わった。

「どのようなご用件でしょうか？」

「どのようなご用件じゃないねん‼　お前の部下が仕事が遅いせいで、窓口が混雑してるんだろうが。俺は住民票取って早く会社に行かなきゃいけないんだよ。会社に遅刻したら、その分、補償してくれるんだろうな？」

「担当者が新人なもので大変申し訳ございません。毎年、4月は人事異動の月ですから。他の皆さんには、待っていただいておりますので」

「それはお前らの事情じゃねえか。お前ら2人がかりで俺をばかにしやがって。お前も話にならない。課長出せ！」

「いやいや、ばかになんかしておりません。課長は出せません」


その後、三宅係長とお客様は1時間以上やり取りをして、最終的に課長がお客様に謝罪し、クレームは終結した。

クレーム対応している間、人員が手薄となったため、他のお客様もお待たせすることになり、他でもクレームが相次いだ。

三宅係長はその都度呼び出され、一日の終わりには、ぐったり憔悴しきっていた。

太郎も責任を感じて、ぐったりしながら家に帰り着いた。

俺は、そっとその後をついていった。

「どうやって、18歳の自分とコンタクトを取ろうか。このまま顔を合わせたら怪しまれるしなあ」

家に着くと太郎は玄関ドアを開け、家の中に入っていった。俺もその後についていく。そして、リビングのソファーに座ってボーッとしていると、あの夢に出てきた白髪の老人が俺の隣に立っているのに気づいた。

「えっ、あなたは、あのときの!?」

「そうじゃ、お前に加勢しにやってきた。これからお前は、18歳の太郎と向き合い、アドバイスをしていくことになる。なので、わしが18歳の太郎に魔法をかけ、お前とのコミュニケーションをスムーズにできるようにしてやる。

魔法を発動するためには、太郎の顔の前で、1回大きな拍手をすること。そうすれば、太郎はお前の言うことを素直に聞き、お前を頼るようになるだろう」

「神さま、ありがとうございます。これからどうやって、あいつと話ができるか悩んでいたので、とっても助かりました」

「いつも、お前を見ているから安心せい」

そう言うと、神さまは消えた。

「どうしてこんなことになったんだろう。確かに僕の事務処理が遅くて窓口が混雑したのは認めるよ。でも、言葉遣いだって気をつけたし、接遇テクニックだって完璧だったはず。

ところで、あのおっさんは誰なんだろう？」

「落ち込むなよ、太郎」

「えっ、今日出てきたおっさん⁉ なんで無断で人の家に入ってるの？ 警察呼ぶよ！」

その瞬間、おっさんの俺は太郎の顔の前で両手を叩き、大きな音を立てた。

「俺は、未来から来たお前だ。そして、お前を助けに来たんだよ」

「え〜、おっさんは未来の僕なの⁉ 僕を助けに来てくれたんだ‼」

「今日もこっぴどくやられていたなあ」

「そうなんだよ。もう毎日ヘトヘトさ」

（おお、神さまの言ったとおり、スムーズに会話ができるぞ(^^)）

「ところで、おっさん、僕が昼間大声出したとき、『その使い方間違ってる』と言ったでしょ。あれどういうこと？」

クレームの本質と種類

「クレームの種類は大きく分けて、二つあるんだ」

「えっ、クレームって一つじゃないの??」

「**クレームは『感情的なもの』と『金銭の要求を目的とするもの』に大別される。**お前がやったテクニックは、『金銭の要求を目的とするもの』であれば効果的だったかもしれない」

「なんで？」

「『金銭の要求を目的とするもの』は、相手が言い返してこないことをいいことに、なんらかの要求を通そうと脅迫しているからだ。そんなやつらは大声さえも計画的だ。そこで想定外に相手が反撃するとひるむのさ。

ただ、ほとんどのクレームは『感情的なもの』なので、多くの場合そのテクニックは逆効果だ」

「なるほど！　でもそれってどうやって見分けるの？」

「お前にはまだ早いので、今度教えるよ。まず、クレームの本質を説明すると、**クレームの本質は『恐れ』**なんだ」

「恐れってどういうこと？　クレームってなにかが気に食わなくて怒っているだけじゃないの？」

「じゃあ太郎、人ってなんで怒るんだ？」

「なんでって、腹が立つからだよ」

「どういうときに腹が立つ？」

「ばかにされたときかなぁ」

「怒りというのは、一つには、『**なんらかの原因で自分を守らないと、自分の存在が脅かされそうなときに発生する**』んだ。

要するに『怖い』んだ。

余裕があるときは怒らないだろう？」

「確かに」

「これをクレームに置き換えると、想像してみてほしいが、世の中になんの不満もなく、尊重されている人がクレームを言うと思うか？」

「ん〜、こちらが間違っていたら、ちょっとは言うと思うけど、怒鳴ったり、長時間クレームを言い続けたりはしないと思うな」

「ところで、今日お前に怒鳴った男性、朝方、奥さんと喧嘩して『あなたはなにをやっても駄目ね』とののしられていたようだよ。帰りながらぶつぶつ言ってたのを聞いてしまってね」

「か、かわいそうに」

「まあ、奥さんにも言い分があると思うけどね。あの男性は、自分の要求にお前が大声で反撃したせいで、まわりの市民の注目を集めただろう？

実は、クレームという行動自体にも、**『まわりから変な目で見られたらどうしよう。自分は非難されるのではないか？』**と**『恐れ』を抱きつつ行っているんだ。**だから、男性は、追い詰められて激怒したんだ」

「お客様の恐れを解決する」という気持ちが解決の第一歩

「今回は僕にも非があったたし、なにか悪いことした気になってきたよ。どうすればよかったの？」

「まず、ホテルなどの**接客業の接遇と、クレーム対応は違う**。接遇ではTPOに応じた言葉遣いやおもてなしの心が大切だが、クレーム対応には異なる『**心構え**』**が必要だ**」

「えっ、接遇とクレーム対応って違うの？　とにかく丁寧な言葉遣いをしていればいいと思ってた」

「おもてなしという意味での接遇は、クレームを未然に防ぐ効果はあるが、相手が怒ってしまったら、クレーム対応だ。

クレーム対応の場合、敬語は最低限できていればよく、『クッション言葉』（お手数ですが、さしつかえなければ）も有効だが、それよりも、『**お客様の恐れを解決しよう**』と**いう**『**心構え**』**が大切**だ。

なぜなら、この心構えが、微妙な身ぶり、手ぶり、表情、声のトーンといった「非言語コミュニケーション」を通して、お客様に伝わるからだ」

「なるほど!! そうすると、僕は『新人だから遅いのは仕方ないじゃないか。早く誰か助けてよ。なんでそこまで怒るんだよ』と思っていたので、それが全部あの男性に伝わってた、ということだね。

でも、どうやって恐れを解決するの?」

「**『お客様の恐れを解決しよう』という心構えで、9割はクレームは解決している。**お前の態度、発する言葉、考え方、実際の対処法、すべてに影響するからだ。お客様の感情を理解し、承認(相手を認める)したとき、クレームは笑顔に変わるんだよ」

「なんとなくわかるけど、いまいち実感が湧かないなぁ。ありがとう。少しは気が晴れたよ」

近所の天川家の犬がなつく

翌朝、俺と太郎は一緒に家を出ると、近所の天川さん家の生垣から犬が顔を出して吠えていた。

「あの犬、いつも僕を見ると吠えるんだよね。あっ、もしかしたら、あの犬、僕が怖いから吠えるのかな？　ちょっと、おっさんが昨日言ったことを試してみるよ」

「試してみるって？」

「あの犬はかわいい、かわいい、かわいい」

と、太郎は目を閉じて3回唱えた。

すると、先ほどまで吠えていた犬が徐々に吠えなくなり、顔をひっこめて、代わりに生垣からお尻を出して尻尾を振り始めた。

「吠えないとかわいいな。あの犬の名前なんだったっけ。確か、飼い主さんが、『ジョン』って呼んでたな。ジョン、行ってくるね！」

今度は、生垣からお尻をひっこめて、顔を出してかわいく「ワン」と吠えた。

「なんと、天川さん家の犬がなつくとは!!」

俺は思わず声を発した。天川さん家の犬は、俺が実家を出る最後の日まで、徹底的に吠えまくり、嫌な思い出しか残っていない。それ以来犬が嫌いになっていた。

昨日採めた男性の妻が来所

本日も、太郎が窓口当番の日だった。窓口が混雑してきたところで40代女性の番がまわってきた。

「あなた、仕事できないわねぇ。出勤前なのにこんなに待たせて。印鑑証明書早く出して!!」

と、静かに怒っている。

太郎は、昨日のことを思い出して、またクレームになるかもしれないと、びくびくしながら急いで発行しようとしたところ、誤って印鑑証明書ではなく、住民票を発行した。

「ふざけるんじゃないわよ‼　あなたなにをやっても駄目なのね」

「太郎、この女性は、昨日揉めた男性会社員の妻だ。どうも男性会社員が仕事ばかりで自分にかまってくれないため、寂しさと自分の存在意義を脅かされ、いつもイライラしているようだぞ」

昨日の反省を生かして、俺は小さな声で太郎に耳打ちした。

「（そうか、この人の恐れを解決しなくっちゃ。それに僕のミスだし、誠心誠意謝らなきゃ）私の不手際のせいでお待たせして、挙句の果て、ミスまでして不快な気持ちにさせて大変申し訳ございません」

太郎は思わずカウンターから出て、女性に頭を低くして謝罪していた。

「ほんと、私がそのまま気づかずに帰っていたら、どうしてくれてたのよ」

「おっしゃるとおりです。誠に申し訳ございません」

「わかったから、早く印鑑証明書出して」

頭を下げて、印鑑証明書を発行し、女性に手渡すと、

「ミスは誰にでもあるわ。がんばってね」

と笑顔で女性は帰っていった。


「太郎、これが『非言語の力』だ。お前は無意識にカウンターから出て、頭を低くしただろう。表情、身ぶり手ぶり、声のすべてが、謝罪の気持ちと、なにより相手を尊重していることが伝わったみたいだな」

「どうやらそうみたいだね。あの夫婦うまくいくといいね」

★★★　　★★★

〈ケーススタディ❶ まとめ〉

このパートでは、直接対応における「自分に落ち度がある場合」でのクレーム対応を学びました。ここでのクレームは、初級編として理不尽な要求はありません。

すべてのクレーム対応に共通する3つのポイント

一つ目は、ほとんどのクレームは「感情的なもの」であるため、多くの場合テクニックは逆効果です。「感情的なもの」と「金銭の要求を目的とするもの」の見分け方は、次章で後述します。

二つ目は、クレーム対応は、「おもてなし」という意味での接遇とは違います。このため、敬語は最低限できていればよく、クッション言葉も有効ですが、それよりも、「お客様の恐れを解決しよう」という「心構え」が大切です。

三つ目は、クレームという行動自体にも、「まわりから変な目で見られたらどうしよう。自分は非難されるのではないか」という「恐れ」を抱きつつ行っていることを忘れてはいけません。このため、例えば大声で聞こえるように間違いを指摘するなど、お客様に恥をかかせてはいけません。

この3つのポイントを頭に入れて、お客様の感情を理解し、承認したときにクレームは笑顔に変わります。

なお、実際のクレームは理不尽な要求があることも多く、その場合、今回のポイントに加えて、ヒアリングと交渉が必要となりますが、ケーススタディ❷以降で解説いたします。

市民課
RRR
はい、もしもし
市民課の池照です
池照太郎(18)
うちの母親の住民票を取りに行きたいんだけどっ、
何か必要なものある!?
未来から来た池照太郎(45) 太郎(18)のみ見える
代理でも**同じ世帯**の方であれば必要ありません。
ご家族でも**世帯が別**であれば委任状が必要となります
わかった!
ガチャッ
今日は窓口担当じゃないし
平和に過ごせるといいなぁ…
おい!
さっき電話対応した池照ってやつ出せ!
池照さーん
チラッ
もしかしてさっきの電話の人じゃない?
心の会話
うん、何かとてつもなく嫌な気がするね…

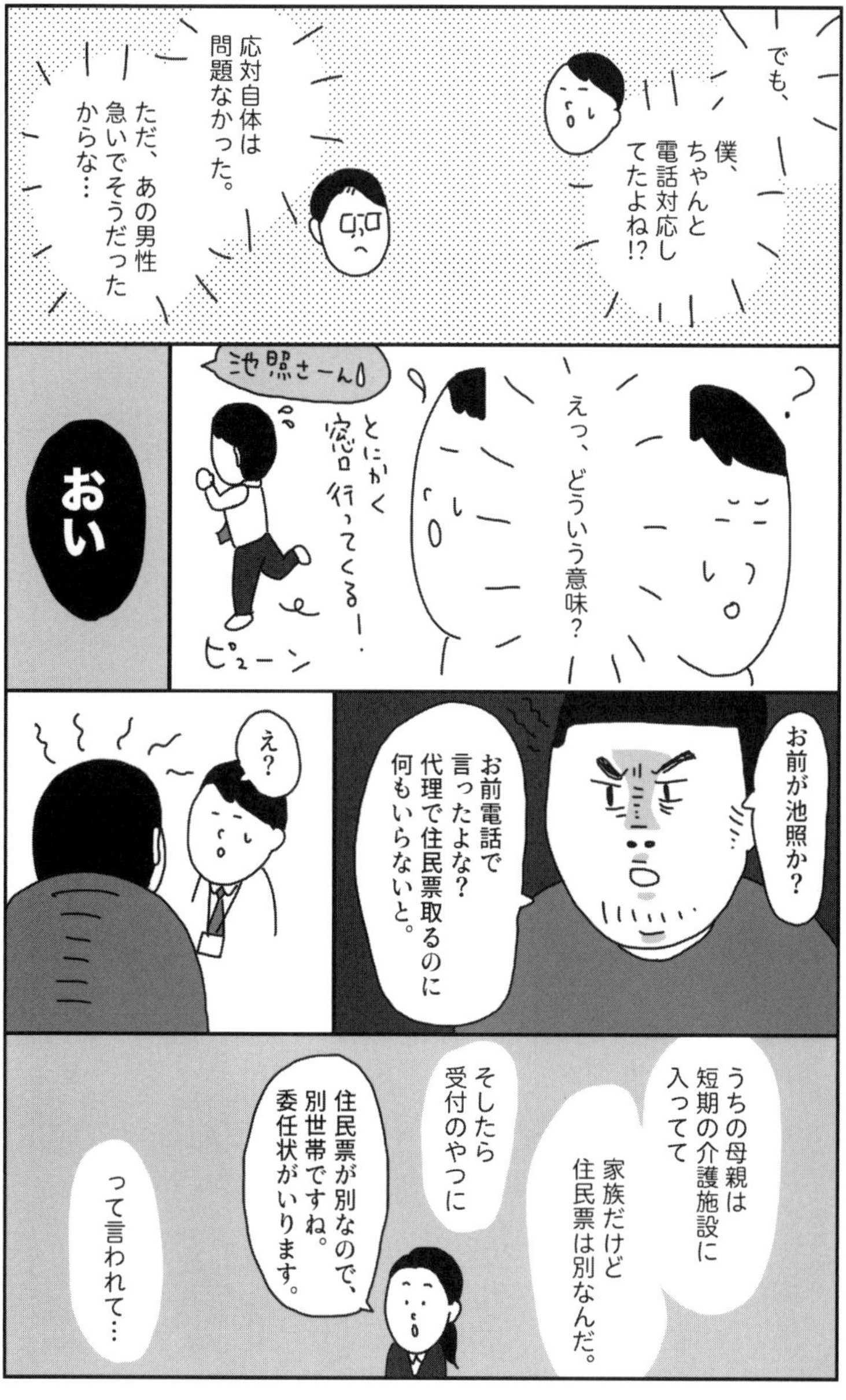
でも、僕、ちゃんと電話対応してたよね!?
応対自体は問題なかった。ただ、あの男性急いでそうだったからな…
えっ、どういう意味？
池照さーん!
とにかく窓口行ってくる!
ピューン
おい
お前が池照か？
お前電話で言ったよな？代理で住民票取るのに何もいらないと。
え？
うちの母親は短期の介護施設に入ってて
家族だけど住民票は別なんだ。
そしたら受付のやつに
住民票が別なので、別世帯ですね。委任状がいります。
って言われて…

おまえ、どう責任とってくれるんだ!?
お電話で、「ご家族でも世帯が別であれば委任状が必要となります」と言いましたけど…
いや、そんなの聞いてない!
お前は何もいらないと言った!
客
僕は言ってませんよ!よく思い出してくださいよ!
太
何だと、てめぇ…自分が言ったことも忘れたのか!?
客
あなたこそ、自分が言ったことを忘れたんですか!?
太
言った!
バシャッ
言ってません!
バシャッ
THE 水掛け論
結局、
1時間以上やり取りして
課長が謝罪してクレームは終結した。
というわけか…
ぐったり…
実家住まいの太郎

「言った」「言わない」の水掛け論を
予防する方法はないのかのう？
うーむ
太郎(45)を過去に送った神さま
ありますよ。
あんのかい
そもそも人によって体験が異なれば、
同じ言葉であっても想像しているものも意味も解釈も違います。
「同じ世帯」＝同じ住所、生計 同じ住民票
「同じ世帯」＝家族
人は自身の過去の体験や経験に照らし合わせて独自に解釈したり言葉を発したりしています。
これは「歪曲」といって人間の脳の仕組みです。
水掛け論を予防するには…
「言葉の定義を明確化」しよう！
もっと早く教えてよ…
詳しくは130ページへ

〈ケーススタディ❷　直接対応・魔法の3《スリー》ステップ・クレーム対応術〉

このパートでは、**「自分にも相手にも非がある場合」**でのクレーム対応を学びます。

ただし、ここでのクレームは、感情的で理不尽な要求なものもありますが、計画的で悪質なものではありません。

【解決・対応できるクレーム】

・言った、言わないの水掛け論の場合（言ったのに聞いていない、など）
・強面で要求してきた場合
・制度、ルールに対する不満の場合
・自分だけを特別に対応を要求された場合（待ち人数の順番を先にしろ、など）
・勤務時間外での対応を要求された場合（急ぐからなどの理由で時間外での対応を迫る、など）

2 僕は言っていません

正夢

――その日の夜、18歳の太郎は嫌な夢を見た。

太郎は市民課の窓口のカウンターに立っていて、向い側の男性が怒鳴っている。

「おい、おまえが言ったんだぞ。どう責任をとってくれるんだ！」

「僕は言ってませんよ！　よく思い出してくださいよ」

「なんだと、てめぇ。自分が言ったことも忘れたのか」

「あなたこそ、自分が言ったことを忘れたんですか」

「あなたって、なんだこのやろう。なめてんのか」

「お前じゃ話にならん。課長出せ！」

そこで、目が覚めた。

「太郎、大丈夫か。汗だくだぞ」

「あっ、おっさん。僕の隣で寝てたの(笑)？　いやあ、嫌な夢見ちゃって」

「俺はお前の専属アドバイザーを務めることにした。だから寝るときも一緒だ。で、どんな夢を見たんだ？」

(なんでおっさんと同じベッドなんだよ。仕方ないか。未来の僕だし。とほほ)

「なんか、僕はちゃんと説明したのに、言った言わないみたいな話になって。課長出せって言われて、ほんとわけわからないよ」

「太郎、昨日学んだ『お客様の恐れを解決しよう』という『心構え』はどうしたんだ？」

「あれは、僕のミスもあったし。僕は正しいのに、なんでお客様の恐れを解決しなくちゃならないの？」

(そう言われたらそうだぞ。うまく説明できないな。話題を変えよう)

「太郎、市役所に行かなきゃ、遅刻するぞ」

「あっ、ほんとだ」

俺と太郎が玄関を出ると、隣の天川さん家のジョンが生垣から顔を出して、挨拶代わりに「ワン」と吠えた。

言った、言わないの水掛け論

俺と太郎は市役所の市民課に着くと、三宅係長が太郎に話かけてきた。

「太郎君、昨日は見事だったよ。怒鳴り声が聞こえたから、また私の出番かと思ったんだが。よくあの女性を『退散』できたね？」

（退散とか言っているから、三宅係長、クレーム対応が長引くんだな。でも褒められて嬉しいな♪）

「いえいえ、日頃からの三宅係長のご指導のおかげです」

「そうか、そうか、まぁ私は一日何件もクレーム対応しているからな。今日は窓口当番ではないのでゆっくりしたまえ。はっはっはっはっ」

俺は自分を見ているようで顔を手で思わず覆っていると、電話が鳴った。太郎が電話をとった。電話の声からするに中年男性のようだ。なにか急いでいるようで早口だった。

「はい、もしもし市民課の池照です」

「うちの母の住民票を取りに行きたいんだけど、なにか必要なものある？」

「代理でも同じ世帯の方であれば必要ありません。ご家族でも世帯が別であれば委任状が必要となります」

「わかった」

と言って電話は切られた。

数時間後、窓口で怒鳴り声が聞こえた。

「おい、さっき電話対応した池照というやつ出せ‼」

窓口の同僚が振り返って太郎を見て、目で合図を送っている。

俺は太郎と顔を見合わせた。


「太郎、もしかしてさっきの電話の男性じゃない？」

「うん、何かとてつもなく嫌な気がするね。でも、僕、ちゃんと電話対応してたよね？」

「応対自体は問題なかった。ただ、あの男性急いでそうだったからな」

「えっ、どういう意味？　とにかく窓口行ってくる!!」


太郎が窓口に行くと、中年の男性がカンカンに怒っていた。


「おい、お前が池照か？　お前言ったよな。代理で住民票取るのに何もいらないと？」

「どういうことですか？」

「うちの母は、短期の介護施設に入っていて、家族だけど住民票は別なんだ。そしたら、さっき応対したやつが、『そうしましたら、住民票が別なので、別世帯ですね。委任状がいります』と言うんだ。おい、おまえ、どう責任をとってくれるんだ！」

「お電話で、『ご家族でも世帯が別であれば委任状が必要となります』と言いましたけど」

「いや、そんなのは聞いていない。お前は何もいらないと言った」

(あれ、これってどこかで覚えがある展開だな)

「僕は言ってませんよ！　よく思い出してくださいよ」

「何だと、てめぇ。自分が言ったことも忘れたのか」

「あなたこそ、自分が言ったことを忘れたんですか」

「あなたって、何だこのやろう。なめてんのか」

「貴方《あなた》は敬語です！」

「お前じゃ話にならん。課長出せ！」

(これ完全に今朝見た夢じゃん。助けて〜)


その後、言った言わないの水掛け論となり、事情を説明して、三宅係長に代わった。


「電話のやり取り、横で私も聞いていましたが、部下は間違っていません」

「どうでもいいけど、早く住民票出せ。急ぐんだよ」

「それはそちらの事情です。とにかく委任状がないと住民票は出せません」

「杓子定規の対応をしやがって。お前も話にならない。課長出せ！」

その後、三宅係長とお客様は1時間以上やり取りをして、最終的に課長がお客様に謝罪し、クレームは終結した。

水掛け論はなぜ起こるか

太郎は責任を感じて、ぐったりしながら家に帰り着いた。

俺は、そっとその後をついていった。正直、俺は反省していた。今朝太郎から、お客様に非があるのに、なぜ、「お客様の恐れを解決しよう」という「心構え」が大切なのか問われ、うまく説明できなかったからだ。

「どうやって、18歳の自分に説明しようか」

気がつくと、例の神さまが俺の隣に立っていた。

「あっ、神さま、ちょうど悩んでいまして。お客様に非がある場合どうやって……」

「今朝、太郎に夢を見せたのはわしじゃ」

「なんですって？」

「これは、お前の学びの旅でもあるんじゃ」

「はっ？」

「まぁよい。ところで、なぜお前は、お客様に非があっても『お客様の恐れを解決しよう』という『心構え』を持てるんじゃ？」

「だって、人って自分の都合のいいようにしか解釈しないですよね？」

「そのとおり。その言い方だとお客様を見下しているようにもとれるが、具体的に言うとどういうことじゃ？」

「お客様を見下してなんかいません。人は、自身の過去の体験・経験に照らし合わせて独自に解釈したり、言葉を発したりしています。これを『歪曲』といって、人間の脳の仕組みです」

「例えば？」

（例えばって、考えたこともなかったな）

「例えば……、Ａさんという人がＢさんに昭和のおばけ屋敷の話をしたとします。Ｂさんはおばけ屋敷に行ったことはなくて、ＵＳＪの『ホラーナイト（ゾンビが徘徊したりダンスするイベント）』に行ったことがあるとします。すると、Ｂさんはホラーナイトのゾンビを思い浮かべながら、話を理解したつもりになっていることになります」

「なるほど。『歪曲』は誰にでも起こり得るので仕方がないと。それに今回の男性は急いでいたからなおさらじゃな」

「そうです。人によって体験が異なれば、同じ言葉であっても想像しているものも意味も解釈も違います。だからディスコミュニケーションは相手のせいにせず、当然起こり得るという認識が大切です。他には『省略化』『一般化』※もありますが、脳の仕組みによるディスコミュニケーションが、水掛け論が起こる一つの原因です」

※「省略化」とは、人の体験には多くの情報が含まれているが、体験を言葉にするとき、多くの情報が失われることをいう。「一般化」とは、一部の事実を

すべてであるかのように思い込むことをいう。

「言葉の定義」を明確化する

「では、水掛け論を予防する方法はないのかな？」

「いえ、あります。それは『言葉の定義を明確化』することです。例えば、今日、太郎とお客様が水掛け論となり、最後まで噛み合わなかったのは、『世帯』に関する言葉の定義が違ったからです」

「どういうことじゃ？」

「太郎（市役所）にとっての同一世帯の定義は、『同じ住所でなおかつ生計を一緒にしている世帯（＝同じ住民票）』です。つまり、同じ住所でも生計が違えば別世帯（住民票も別）です。同じ住民票じゃないと親族関係もわからないですしね。

でも、お客様にとっては同じ世帯の定義は『家族』です」

「じゃあ、具体的にどうすればあのとき水掛け論は防げたんじゃ？」

「お客様に誤解が生じるような専門用語をそもそも使わないか、もし使うのであれば言葉の定義を明確化すれば、水掛け論は予防できたと思います。

先ほどのケースであれば、お客様は急がれていましたので、簡潔に言葉の定義の説明をしながら結論を伝え、その要件に該当するか質問します。

例えば、『ご家族でも住民票が別なら別世帯となりますので委任状が必要ですが、お母さまと同じ住民票ですか？』とお客様に質問すれば、お客様の頭の中に、『住民票が別＝別世帯』という定義が入るので、その後の話もズレることがありません。

また、お客様が話されている言葉、内容についても、『〇〇は〇〇という認識で合っていますか？』と質問し、認識をすり合わせることが重要です」

仕事とは問題解決。クレーム対応も問題解決の一つ

「なるほど。水掛け論を防ぐためには、言葉の定義を明確化し、認識をすり合わせるということじゃな。

では、自分都合でクレームを言ってくるお客様もおるじゃろ？　その場合はどうするんじゃ」

「それは、お客様もクレームを言いたくて言っているわけではありません。なにかしら心理的な『恐れ』を感じているのです」

「なぜ、お客様の『恐れ』をなにも悪くないお前が解決しないといけないんじゃ？」

「それは……」

「太郎からもそこは聞かれるじゃろう。仕事とはなにかもう一度、考えてみるんじゃ」

「仕事とは、誰かの悩みを解決するという『問題解決』です！」

「それがわかれば、もうできるじゃろう」


そう言うと神さまは消えた。

そして、おっさんの俺はそっと玄関のドアを開け、太郎のいるリビングに歩いて行った。


「落ち込むなよ、太郎。今日もこっぴどくやられていたなあ」

「あっ、おっさん。いや～夢がそのままになっちゃった。僕はなにも悪くないのに、『お客様の恐れを解決しよう』という『心構え』なんてできないよ」

「太郎、まず水掛け論は、脳の仕組みが原因の一つなんだ。人は、自身の過去の体験・経験に照らし合わせて独自に解釈したり、言葉を発したりする。これを『歪曲』と言うが、お前も仕事に限らず相手と認識が違ったことはないか？」

「あります」

「コミュニケーションって簡単なようでとても難しいんだ。ディスコミュニケーションを相手のせいにせず、当然起こり得るという認識を持つことが大切なんだ。

だから、水掛け論になりそうになったら、早々に『言った言わないの話になりますので』と打ち切ることが重要だ。

ちなみに、今日、太郎とお客様が水掛け論となったのは、『世帯』に関する言葉の定義が違ったからだ。お前にとっての同一世帯の定義は、『同じ住所で、なおかつ生計を一緒にしている世帯（＝同じ住民票）』だが、お客様にとっては同じ世帯の定義は『家族』だったかもしれないな。

水掛け論を防ぐためには、お客様に誤解が生じるような専門用語をそもそも使わないか、使うのであれば言葉の定義を明確化し、認識をすり合わせることが重要だ」

「なるほど。『自分が理解していることを相手も理解していて当然だと思ってはいけない。誤解を防ぐためにはすり合わせが必要』ということだね。

そう思うと、今回のケースに限っては、『心構え』ができそうな気がしてきたよ。

でも、自分都合でクレームを言ってくるお客様はどうしたらいいの？」

「太郎、仕事とはなんだ？」

「えっ、仕事ってお客様の役に立つことと、給料をもらうことかな」

「それで、太郎はどうやってお客様の役に立っているんだ？」

「住民票を発行したり、印鑑証明書を発行することで役に立っていると思うけど」

「では、なんのために住民票や印鑑証明書を必要としているんだ？」

「あっ、住民票や印鑑証明書の発行もお客様にとっては目的を達成する手段でしかないのか！　お客様の目的も知らないでお客様の役に立っているとは言えないような。

全然、お客様に寄り添ってないいな」

「気づいたか、太郎。**仕事とはお客様のお悩みを解決するという『問題解決』**なんだ。

昨日の男性も、介護施設に入っているお母さんのために、とにかく住民票が早く必要だったんだ。

つまり、お客様の中に、『どうしようという恐れ』が発生しているわけだ。そこに寄り添ってこそ、初めて給料がもらえるのではないか」

「クレーム対応も問題解決の一つってこと？」

「そのとおりだ。それにクレームを解決しないままにしていたら、職場も疲弊してテンションが下がるし、他のお客様のお役に立つことが難しくなるんじゃないか？」

「確かに！　これからは組織とお客様のために、どんなお客様が来ても問題解決の姿勢で臨みます‼」

「いいぞ、太郎。その調子だ‼」

そして月曜日。俺も太郎も、同じベッドで爽やかに目覚めた。

俺と太郎が玄関を出ると、隣の天川さん家のジョンが生垣からお尻を出して、尻尾を振っていた。

「行ってくるね！　ジョン！」

太郎がそう声をかけると、俺のかつての天敵ジョンはワンっと吠えた。なんだか可愛く思えてきたなと、俺は自分のお尻のキズをさすった。

強面のお客様と子分が来所

俺と太郎は市役所に着くと、三宅係長が太郎に話しかけてきた。

「太郎君、昨日は散々だったな。まぁでも、あれはお客様が悪いからな。気にするな。今日は窓口当番だからがんばってくれ」

「昨日も助けていただき、ご迷惑をおかけしました」

「いいって。それが上司の仕事だから」

「(三宅係長、部下思いのいい人なんだけどな) ありがとうございます」

今日は月曜日なので、朝から窓口は長蛇の列だった。太郎が窓口に着くと、早速、長蛇の列の中ほどから30代後半の強面の男性の横にいる子分と思われる男性から怒鳴り声が聞こえてきた。

「おい、こちとら税金を多く払っているんだから、早く印鑑証明書出せ‼」

太郎は、聞こえないふりをしていたが、さらに怒鳴り声がする。

「おい、そこの窓口の兄ちゃん。聞こえないふりしてないで、こっち来いや」

「太郎、お客様は、おそらくお金が動く取引で早く印鑑証明書を出さないと大変なことになるだろう。早く行ってこい」

俺は小さな声で太郎に耳打ちした。

「（そうか、この人の恐れを解決するぞ）お待たせして申し訳ございません。印鑑証明書が必要なんですね」

太郎は思わずカウンターから出て、男性の真横に並び謝罪していた。男性は先ほどより少しトーンダウンしたようだ。

「おう、兄ちゃん。怖くないのか。どうでもいいから早く印鑑証明書出せ」

「本日、印鑑登録カードはお持ちですか？」

子分の顔が一気に曇った。そして、強面の男性が口を開いた。

「ひょっとして貴様、印鑑登録カードを忘れたんじゃないだろうな」

「兄ちゃんのフルネーム、住所を教えろ。印鑑登録カードなしでも出せるよな」

子分は焦りながら脅してきた。

「個人情報は言う必要はない。逆になぜ必要かお客様に聞け」

俺は太郎に耳打ちした。

「フルネームと住所は業務となんの関係がありますか？」

子分が一瞬黙ると、強面の男性が子分のお尻に蹴りをかまし、子分は吹っ飛んだ。強面の男性が話を続けた。

「印鑑登録カードはないが、今すぐ印鑑証明書を発行できないか？」

「太郎、相手が喋っていることは『氷山の一角』情報だ。寄り添いながらヒアリングしろ。できないことはできないってはっきり言えよ」

俺は、小声で太郎の耳元で喋った。

「（えっ、ちょっとどうやって。もうどうにでもなれ！）申し訳ございません。印鑑証明書は大切な財産が動く証明書になりますので、印鑑登録カードがないと発行できません。急がれるんですよね？」

「そうなんだ。この印鑑証明書を今日中に提出しないと、明日の取引に間に合わないんだ。どうにかならないのか？」

「太郎、相手の気持ちに寄り添え。『承認』しろ」

俺は太郎の耳元で喋った。

「（え、えー、承認ってどうすれば）そうなんですね。それは今日中に取得しないと大変ですね。印鑑登録カードを取りに戻ると何時くらいにこちらに来れますか？」

「おそらく18時だな。兄ちゃん、窓口何時までだ？」

「17時15分です」

「なんだと、こらあ。間に合わないじゃねぇか!!」


先ほどまで穏やかだった強面の男性が、一気に形相を変えた。


「太郎、次は『交渉』だ。まず大前提を話せ！　そしてルールの中で最善を尽くせ」

俺は太郎の耳元で喋った。


（もうこれ絶体絶命じゃん。大前提を話して、ルールの中で最善の提案をすればいいんでしょ）

「申し訳ないですが、窓口は17時15分までとなっています。こちらのできることとしましては、今回限りになりますが、今身分証明書をご提示いただければ、先に印鑑証明書を発行して、印鑑登録カードをご提示いただければすぐにお渡しできる準備をすることは可能です」

「わかったよ、兄ちゃん。なんとか17時15分までに来るからよろしくな」

強面の顔から笑顔がこぼれた。強面の男性は子分を連れて帰っていった。

「太郎、お前はカウンターから出て、無意識に対面（対決姿勢とも感じられる）ではなく真横に並んで謝罪しただろう。

まず、ここでお客様に敵ではないことは伝わった。これが、悩みを解決しようという**『心構え』による『非言語の力』**だ。

次に**『ヒアリングと承認』**だ。多くの場合、人は問題や悩みを言語化することができない。最初に出てきた言葉は『氷山の一角』情報だ。このため、『なぜ、お客様はこんなことを言っているのだろうか』という視点をもって、寄り添いながらヒアリングして問題や悩みを聞き出すことが重要だ。

今回は、お客様の風貌から概ね問題が想像できたので、難しくはなかったかもしれないが、相手の『立場』から問題を想像することも大切だ。

悩みを引き出したら、そこを『承認※』すれば、お客様は気持ち的には救われた気分になるんだ。しかし、気持ち的に救われても、実際どうやって問題解決するかという部分が残る。

そこで、最後に『**交渉**』だ。ここは今度詳しく説明するが、できないことはできないとはっきり言って、こちらの大前提を最初にお客様に提示することだ。これを『プリフレームという。次は大前提の「理由や根拠」を説明する。そして、ルールの中で最善の提案を行う。そうすると、大前提に沿って話が進み、お客様にも納得していただけるというわけだ。

ところで、心構え、ヒアリングと承認、交渉の中で、どれが一番大切だと思う？」

※　承認とは、例えば「そうですよね」「おっしゃるとおりです」など、相手を認めること。

「それは、お客様の問題を解決しようとする『心構え』じゃないかな。だって、その気持ちがないとヒアリングや承認、交渉がすべて薄っぺらいものとなって、相手に伝わっちゃうと思う」

「そのとおりだ。**一番大切なのは、『心構え』**だ。これが非言語の力になって、すべてに影響していくんだ」

「最後の交渉のところはまた説明してほしいけど、とにかく命びろいしたよ。おっさん、ありがとう」

好きな人

窓口でのクレームを解決した俺と太郎は、心地よい疲れとともに爽やかな気分で家に帰りベッドに座った。

ちなみに俺が気分がいい理由は別にある。それは、長年言語化できなかった、「なぜお客様に非があっても、お客様の恐れを解決しなければならないか」が言語化できたからだ。

「今日の強面のお客様、本気で心配して話せばこちらの立場も理解してくれるんだね。

あの子分はそんな感じじゃなさそうだったけど」

「『本気で心配する』というのはとてもパワフルな心構えで、お客様にそれが非言語で伝わるんだ。あの子分も強面のお客様を恐れていたと思うがな」

「なるほど。ところで、おっさんといつまで同じベッドで寝なきゃいけないの？　いびきうるさいし、狭いんだけど」

「それは俺が聞きたいところだ。俺だって困ってるんだ。とにかく、俺が未来に帰るまでこのベッドで寝かせてくれ」

「しょうがないな。わかったよ。ところで、おっさん、奥さんの名前なんていうの？」

「なんで聞くんだ？」

「いや〜、実は隣の戸籍係に『福岡麗香さん』っていうすごくかわいい子がいるんだ。先日、書類渡すとき手が触れちゃって、それから頭いっぱいです♪」

「いない」

「聞くんじゃなかった……。じゃあなにも始まらないか、結ばれないんだね……」


俺の若き日の記憶をたどると、俺は確かに福岡さんが好きだった。

ただ、その頃、俺は窓口でお客様に怒鳴られてばかりだったので、格好悪くて声をかけることができず、それで終わった。

その後、誰と付き合ってもうまくいかず独身貴族だ。

「まぁ、未来を変えるのは自分自身だからな」

「そうだね。未来を変えるためにがんばります!!」

「なんか積極的だな。どうしたんだ？」

「だって、おっさん教えてくれたじゃん。

『心構え』が行動すべてに影響すると」

「そうだな。それは仕事の話だが、そうかもしれないな♪」

そんなことを話しているうちに、俺も太郎も眠りについた。

★★★　★★★

〈ケーススタディ❷　まとめ〉

このパートでは、直接対応における「自分にも相手にも非がある場合」でのクレーム対応を学びました。ポイントは、**「魔法の3ステップ・クレーム対応術」**です。

一部の悪質なクレーマーを除き、誰に対しても同じ対応法で解決できる、「魔法の3ステップ・クレーム対応術」を改めて確認しておきましょう。

また、クレーム対応時、クレーマーからフルネーム、住所、大学名など実務に関係のない「個人情報」を聞かれたときは、答える必要はありませんので毅然として対応します。

【魔法の3ステップ・クレーム対応術】

①「お客様の恐れを解決するという心構えを持つ②「ヒアリングと承認」③「交渉」という3ステップでクレームを笑顔に変える対応術です。

◆詳しくは、第1部第4章（46ページ）を参照してください。

ステップ① お客様の恐れを解決するという心構えを持つ

「お客様の恐れを解決しよう」という「心構え」があれば、微妙な身ぶり、手ぶり、表情、声のトーンといった非言語コミュニケーションを通して、お客様に伝わる。

ステップ② ヒアリングと承認

最初に出てきた言葉は「氷山の一角」情報であるため、「なぜ、お客様はこんなことを言っているのだろうか」という視点をもって、寄り添いながら問題や悩みを聞き出し、その感情を「承認」する。

ステップ③ 交渉

できないことははっきり伝える。大前提を最初にお客様に提示し、次にその大前提の「理由や根拠」を説明する。そして、ルールの中で、一緒に問題解決の方法を考え、最善の提案を行う。

太郎君、昨日はひやひやしたよ〜
強面な人たちへの
間に合わねえじゃねーか
こらぁ!!
三宅係長!
見事な対応!!
S市役所 市民課 三也照太郎(18)
何かあったら警察呼ぼうと思ったが、最終的には笑顔で帰っていったね。
良かったら職場リーダーになって、
LEADER
同僚達にも窓口応対のコツを教えてくれないか？
えぇっ!?
僕がですか!?
昨日のはまぐれですよ…
それに市役所に入ったばかりでとてもそんな身分じゃです!
はっはっはっ
そうか〜
私は本気だから考えておいて!
太郎!
職場リーダーになったら、
心の会話
株から来た太郎(45)
戸籍係の福岡さんにもいいところ見せられるかもな!
戸籍係 福岡麗香さん

なるほどー!
おっさん、いいこと言うじゃん!!
もう少し経験つんだら職場リーダーに立候補するよ!
RRR
はい
市民課の池照です。
…マンションに放置しているバイクがあるので、
ぼそ…
年配の男性…
所有者を教えてもらえますか?
ぼそ…
うーーん…
ここで「個人情報なので教えられません」で終わりじゃなくて、
寄り添いながらヒアリングして問題や悩みを聞き出すんだっけ…
バイクのことでしたらこちらではなく、
税務課か軽自動車検査協会になりますが…
何ccのバイクですか?
はぁ?
住所を教えろって聞こえなかったの?
こっちは困ってんだから…
どういうことかお尋ねしてよろしいですか…?
言ってることよくわかんないなー
……

わからないの？
街の景観だよ！
役所は街の景観はどうでもいいのか!?
もう意味わかんない…!!
よくわからないけど「承認」しとこう！
テキトーなあいづち
そうですよね～
街の景観は大切ですよね～
……
他人事ですな。
やばい怒らせた…！
何で住所教えられないの？簡単にわかるでしょ？
先ほど申し上げましたように、担当ではありませんので、こちらではわかりかねます！
それに所有者については個人情報になりますので、教えられません！
いやいや…
役所は街の景観はどうでもいいのか!?
1時間後
これから用事があるからまたかける！
ガチャッ
翌日
RRR
はい 市民課・池照です
その翌日
RRR
もしもし…
RRR
はい…
RRR

あれから2週間
毎日電話が続いてる…
疲労…
太郎(45)よ
太郎(45)を過去に連れてきた神様
お前が言っている「心構え」による非言語の影響力は
電話では伝わらないんじゃろか?
それが逆なんです。
電話では非言語コミュニケーションの介入の余地がないように思えるかもしれませんが…
only voice
逆に相手は「声」に集中するため
話す内容よりも声にのって伝わるトーンや感情が大切です!
そうか!!
バーン!!
太郎(18)!
電話対応のコツがわかった!
窓口対応より電話対応の方が難しいんだ!
電話対応には気をつけるべき3つのポイントがある!
詳しくは161ページへ

〈ケーススタディ❸　電話対応・非言語力、質問力、交渉力を高める〉

このパートでは、「電話での相手に非がある場合」でのクレーム対応を学びます。クレームの電話対応については、次ような対応を学びます。

【解決・対応できるクレーム】

・揚げ足を取ってくる場合
・身分を明かさない場合
・八つ当たり、とばっちりされた場合（別の部署の問題で八つ当たりされる、など）
・粘着質な電話の場合（言い間違いなど揚げ足を取り、いつまでも電話をしてくる、など）

3 2週間も続くクレーム電話にぐったり！

揚げ足を取られる夢

——眠りにつくと、太郎は市民課の執務室内にいた。電話が鳴ったので、電話を取った。電話の声は、ボソボソとなにか業務の範囲外のことを言っているが、なにを言っているかわからない。

怒鳴り声こそあげないが、1時間以上電話を切らせてくれない。あまりにしつこいので、その場しのぎで対応していたら、揚げ足を取ってきた。

「あなた、さっきと言ってることが違うじゃないですか。どうなっているんですか？」

「いえ、先ほどは最初からご説明している内容の趣旨でお伝えしたんですが、あなたがそう言ったので、少し表現を変えてご説明しました」

「それって、ごまかしてないですか。しかもこちらのせい？　謝りなさいよ」

「いや、そのぉ」

「もし、私があなたの言うとおりにしたらどうなると思いますか。どうしてくれるんですか」

「なにも損害はないと思うのですが。結局なにが言いたいのですか？」

急に電話の声は、受話器から漏れるくらいの大声に変わった。

「なにが言いたいかだと、こわっぱ役人が。課長出せ！」

そこで、目が覚めた。

「太郎、大丈夫か。汗だくだぞ」

「また、嫌な夢見ちゃって。なんで毎日なんだよ！」

「今日はどんな夢を見たんだ？」

「なんか、電話が鳴って取ったら、業務の範囲外のことを要求してきて、それで一時間以上切れずにいたところ、こちらもイライラしてその場しのぎで答えてたんだよね。そしたら、さっきと言ってたことが違う、課長出せって、ほんとわけわからないよ」

「太郎、『お客様の恐れを解決しよう』という『心構え』はどうしたんだ？」

「もちろん、やったけど、電話じゃお互いの姿も見えないし、姿が見えればなんとなくお客様の『立場』も想像できて言っている意味がわかったりもするんだけど。どうすればいいの？」

（あれ、うまく説明できないな。言い忘れたことがあるのでそっちを伝えよう）

「ちょっとまだ教えるにはまだ早いかな。それより大事なことを言い忘れていた」

最強の人格「大人」で対応

「なに？　言い忘れたことって」

「それは、窓口応対するときの『前提』だ。一つ目は、**クレーム対応するときは最強の人格『大人』で対応**するんだ」

「大人ってどういうこと？」
「エリック・バーンによって提唱された交流分析の応用さ。人間の心の構造は、４つのパーソナリティ（批判的な親、養育的な親、無邪気な子ども、従順な子ども）が内在しており、さらにその４つのバランスを統合してバランスよくコントロールしている『理性的で合理的な大人』がいる。この『大人』で対応すれば、パーソナリティの相性に左右されず、お客様も『大人』で対応してくれるってわけさ」（※35ページ参照）
「これはなんとなくわかるなぁ。素で対応すると、お客様との相性がハマればいいけど、相性が悪いとこじれるもんね。だから冷静な大人で対応すれば、お客様も冷静な大人で対応せざるを得ないということだよね？」

「一貫性」がないと不信感を持たれる

「そのとおりだ。あと、夢の中での応対で致命的なミスがある。なんだと思う？」

「まったくわかりません」

「それは『**一貫性（ロジカルシンキング）**』だ。理由はあるにせよ、その場しのぎで言うことを変えてはいけない。これは、『心構え』の次に大切だ」

「だって、電話が長くて……」

「気持ちはわかるが、対個人だけでなく組織としても、お客様に不信感をもたれないために、一貫性がとても重要だ。ただ、この一貫性を保つことが意外に難しいんだ。クレームに対応するためには、まず、**仕事を論理的に理解する**必要がある。そうでなきゃ言っていることがバラバラになったり、つまったりするからね。ここは交渉にも絡んでくるので、後で詳しく説明する。

もう一つは、人間は感情的になると論理的に一貫性を保つことが難しいので、できるだけ**冷静な『大人』で対応**する。もし誤ったことを言ったらごまかさずに謝ることが大切だ」

「わかったよ。仕事をちゃんと理解して、冷静な大人で、一貫性をもって対応します!」

「いいぞっ太郎!! さぁ市役所行かなきゃ遅刻するぞ」

俺と太郎が玄関を出ると、隣の天川さん家のジョンが生垣から顔を出して、少し心配そうに「ワン」と小さく吠えた。

2週間続くクレーム電話

俺と太郎は市役所の市民課に着くと、三宅係長が太郎に話しかけてきた。

「太郎君、昨日はひやひやしたよ。なにかあったら警察呼ぼうと思ったが、最終的には笑顔で帰っていったね。職場リーダーになって、同僚達にも窓口応対のコツを教えてくれないか？」

「えっ僕がですか？　昨日のはまぐれですよ。それに市役所に入ったばかりでとてもそんな身分ではないです」

「そうか、私は本気で言ってるので、考えておいてくれ。今日は電話当番なのでよろしくな。はっはっはっ」

「太郎、職場リーダーになったら、戸籍係の福岡さんにもいいところ見せられるかもな」

俺と太郎は、ちらっと隣の戸籍係の福岡さんを見た。髪はセミロングで、気遣いのできる柔和な女性だ。

「そっか。おっさん、いいこと言うじゃん。もう少し経験つんだら立候補するよ」

そこに電話が鳴った。太郎が電話を取った。電話の声からするに高齢の男性のようだ。なにかボソボソと陰気な声だ。

「(よし、お悩み解決の心構えに冷静な大人の人格で、一貫性をもって対応するぞ)はい、もしもし市民課の池照です」

「マンションに放置しているバイクがあるので、所有者教えてもらえますか」

「(ここで「教えられません」で終わりじゃなくて、寄り添いながらヒアリングして問題や悩みを聞き出すんだったけ) バイクのことでしたらこちらではなく、税務課か軽自動車検査協会になりますが、何ccのバイクですか?」

「はぁ? 住所を教えろって聞こえなかったの? こっちは困ってんだから」

「どういうことかお尋ねしてよろしいですか?」

と、無意識に声のトーンを下げて尋ねた。

「わからないの？　街の景観だよ。役所は街の景観はどうでもいいのか」

「（えっもう意味わかんない。そうだ！　よくわからないけど「承認」だ）そうですよね。街の景観は大切ですよね」

適当に承認したのが伝わったのか、お客様の機嫌が悪くなったように感じた。

「他人事ですな。なんで住所教えられないの？　わかるでしょ」

「（あっこれって今朝見た夢の展開じゃん。とにかく一貫性を保つんだ）先ほど申し上げましたように、担当ではありませんので、こちらではわかりかねます。それに所有者は個人情報になりますので、教えられないと思います」

「役所は街の景観はどうでもいいのか」

その後も、押し問答が1時間以上続いたが、用事があるからまたかけると言って電話は切れた。

なんとか一貫性を保ち、揚げ足を取られることはなかったが、それからというもの、

「役所は街の景観はどうでもいいのか」と数日おきに電話が鳴り響き、別の職員も出たが同様の主張を繰り返し、最初の電話から2週間続いている。

電話対応で気をつけるポイント

2週間も続く電話に、太郎は毎日ぐったりしながら家に帰っている。そして、俺もなんと言って声をかけたらいいかわからず、無言でベッドに寝る毎日だ。

俺は、反省していた。太郎から、あのときお客様が見えない電話対応のコツを聞かれ、うまく説明できなかった。

「どうやって、太郎に説明しようか」

気がつくと、例の神さまが俺の隣に立っていた。

「あっ、神さま、いいところにいらっしゃいました！」

「太郎にあの夢を見せたのはわしじゃ」

「だと思いました。なんのためにですか？」

「だから、これはお前の学びの旅でもあるって言ったじゃろう。まぁよい。ところで、なぜお前は、電話対応でもうまく対応できるんじゃ？」

「それがよくわからないんです」

「では、窓口対応と電話対応の違いはなんじゃ？」

「最大の違いはお客様の顔が見えないことです」

「他には？」

「あとは、お客様にもこちらの顔が見えず、声しかコミュニケーション手段がありません」

「では、お前が言っている『心構え』による非言語の影響力は伝わらないのかな？」

「それが逆なんです。電話対応の場合、非言語コミュニケーションの介入の余地がないように思えるかもしれませんが、逆に相手は唯一のコミュニケーション手段である声に集中するため、話す内容よりもその声に乗って伝わるトーンや感情といった非言語コミュニケーションが大切です」

「なるほど。ではなぜ太郎はお前の言ったとおりにやったのに、うまくいかないのじゃ？」

俺は、しばらく考えこんだが、はっと気がついた。電話対応も窓口応対と基本は同じだが、いくつかポイントを追加する必要があるのだ。

「今気づいたのですが、窓口応対よりも電話対応のほうが、クレーム対応の難易度は高くなります。

まず、相手の問題を解決しようとする姿勢を声に1・3倍乗せてて、友好的な感情で明るく応対します。顔が見えないから、声にフォーカスするんです。常に声のトーンが下がっていないか気をつける必要があります。

また、電話対応の特徴として、相手の顔が見えない、相手の立場がわからないといった問題がありますが、お客様はなにが言いたくて、どういう立場なのかを引き出す質問力を高めることで解決できます。もし、可能であれば、直接対応に持ち込む交渉を行います」

「なぜ『立場』を聞き出すことが重要なんじゃ？」

「立場を想像すれば、お客様が言っていることがある程度想像できるからです。例えば、会社員なら会社や上司の評価を気にしている、高齢者なら第一線を退き、自分は社会で重要と思われていないんじゃないかという自己重要感が欠如している可能性が高いです」

「なるほど、お客様の言っていることがわからなければ、お客様を承認しようもないというわけじゃな。では、なぜ、可能であれば、直接対応に持ち込む交渉を行う必要があるんじゃ？」

「先ほど申し上げたように、クレーム応対は直接対応より電話対応のほうが難しいので、簡単なほうに持ち込みます。また、顔が見えないため、お客様が強気に出るケースが多々あり、たいていの場合は直接対応の話をすると電話を切られます」

「なるほど。そこまでわかればもう太郎に説明できるじゃろう」


そう言うと神さまは消えた。

俺は、そっと玄関のドアを開け、太郎のいるリビングに歩いて行った。

「落ち込むなよ、太郎。早いと思っていたが電話対応のコツを教えることにした」

「おっさん、無理しなくていいよ。わからないんでしょ。このままクレームを解決できない僕は、このまま福岡さんと仲良くなれず終わってしまうんだ」

「えっ、そっち？　18歳の自分ながら能天気だな。すぐ教えるよりも、自分で気づくか見守っていたんだ」

「2週間も？　もうわからないから教えてください」


俺は、オホンと咳払いして神さまとの会話を思い出しながら、電話対応の説明を太郎にし始めた。

「窓口応対と電話対応は基本は同じだが、**電話対応のほうが難しい**んだ。電話対応は声のみであるため、逆に相手は唯一のコミュニケーション手段である声に集中するため、**話す内容よりもその声にのって伝わるトーンや感情といった非言語コミュニケーションが大切**だ。そのため、そのもととなる心構えが重要だ」

「それで？」

「電話対応には気をつけるべき3つのポイントがある。

一つ目は、**相手の問題を解決しようとする姿勢を声に1・3倍のせて、友好的な感情で明るく応対**するんだ。電話対応の場合は、心構えをお客様に映像に浮かぶくらい声に乗せることが必要だ。

実際、第一声でクレームはほとんど解決する。気づいてないかもしれないが、例の電話対応の途中、声のトーンが下がってたぞ。顔が見えないから、声にフォーカスし、電話を切るまでずっと声のトーンが下がっていないか気をつける必要がある。

二つ目は、太郎からも質問があったが、**お客様はなにが言いたくて、どういう立場なのかを引き出す質問力を高める**ことだ。

例えば、高齢者なら第一線を退き、自分は社会で重要と思われていないんじゃないかという自己重要感が欠如している可能性が高い。だからそこはお客様の立場を徐々に質問して探っていくんだ。

三つ目は、**可能であれば、直接対応に持ち込む交渉を行う**。

クレーム応対は直接対応より電話対応のほうが難しいので、簡単なほうに持ち込むんだ。

また、顔が見えないため、お客様が強気に出るケースが多々あり、たいていの場合は直接対応の話をすると電話を切られて二度とかかってこない」

「なるほど、確かに、声に意識してなかったので、無意識に声のトーンが下がっていたかもしれない。お客様に映像が見えるくらい声で表現してみるよ。

ところで、お客様の立場を聞いて、逆にお客様から怒られたりしないの？」

「いい質問だ、太郎。お客様は立場を聞かれると困るんだ。責任がともなわない匿名性がお客様を強気にしている部分もあるからな。勿論、聞くからには理由が必要だが、理由を問い詰める余裕がないほどにお客様は立場や名前を聞かれると動揺される」

「なるほど、だから直接対応に持ち込もうとすると電話を切るお客様もいるってことだね？」

「そのとおり」

「わかったよ！　今度電話がかかってきたらリベンジしてみるよ‼」

「いいぞ、太郎。その調子だ‼」

次の日は俺も太郎も、同じベッドで爽やかに目覚めた。

俺と太郎が玄関を出ると、隣の天川さん家のジョンが生垣からお尻を出して、お尻を振っていた。

2週間続いた電話も約15分で解決

俺と太郎は市役所の市民課に着くと、三宅係長が太郎に話しかけてきた。

「太郎君、数日おきにかかっている匿名の電話、大丈夫か？　君の精神面が心配だよ」

「大丈夫です」

「そうか、今日は電話当番なのでよろしく頼んだぞ」

話していると、電話が鳴った。太郎が電話を取った。電話の声からするに例の高齢の男性のようだ。相変わらずボソボソと陰気な声だ。

「（よし、おっさんから教えてもらった電話対応のコツでお悩みを解決するぞ。まず友好的な感情でワントーン上げて明るく対応だったっけ）はい、もしもし市民課の池照です」

「ずっと問合せしてるんですが、まだマンションに放置しているバイクがあるので、所有者教えてもらえますか」

「（あれっなにかいつもより不機嫌じゃないぞ。しかも僕だと気づいていない）所有者は個人情報ですのでお教えできないと思うのですが、恐れ入りますが今お電話されている方はマンションの管理人様ですか？」

電話口から明らかに動揺している様子が目に浮かんだ。

「えっ、私は街の景観を守っているものだが」

「街の景観を考えていただきありがとうございます」

と、電話しながらお辞儀をした。

「個人情報を教えられないのはわかるが、役所は街の景観はどうでもいいのか。バイクのせいで景観がそこなわれている。役所も景観を守る義務があるだろう」

「確かにそれはそうですよね。貴重なご意見ありがとうございます。申し訳ないのですが、個人情報ですのでどちらに聞かれてもお答えできないと思います」

と伝えると、お客様がさらにトーンダウンしたのを感じた。

「どうにかならないのか?」

「マンションの敷地は民有地になりますので、お客様が所有者様をご存知であれば、その方から警察に相談いただくのはいかがでしょうか?」

「所有者は知らん」

「そうですね。他になにかいい方法ないですかね?」

「もういい。いつものやつは駄目だったけど、あんたは俺の気持ちをわかってくれた。

ありがとう。わしは町内会の役員じゃ」

「（いつものやつって僕なんだけど）町内会の役員の方なんですね。街の景観を考えていただき感謝いたします。お役に立てず申し訳ございません」

「あんたみたいな職員ばかりならいいんだがな。いろいろ申し訳なかったね」

と急に明るい声になって電話が切れた。


「太郎、今回は、お客様の悩みを解決しようという『**心構え**』**が映像に浮かぶくらい声に出ていた**。電話で話しながらお辞儀もしていただろう。それがお客様に非言語で伝わったんだ。だから、お客様にとって別人のように感じられたんだ。

次に『ヒアリングと承認』だ。立場を聞かれてお客様は相当動揺したはずだ。なにせ町内会の役員だったんだからな。お客様は『街の景観を守るものだ』としか言わなかったが、ここで景観について本当に考えていることだけはわかった。お前はそこで、**お客様が取り組んでいることを承認し、その後もお客様の悩みに寄り添った**。

最後に『交渉』だ。お前はプリフレームとして『個人情報は教えられない』という大前提を最初にお客様に提示した。

そして、今回とても良かったのが、そのルールの中で、**『他になにかいい方法ないですかね？』と一緒に問題解決の方法を考え、最善の提案をした**。そうすると、大前提に沿って話が進み、お客様にも納得していただいたというわけだ。

お客様自身の自己重要感を高めて、かつ悩みに寄り添えば、出てくる言葉は感謝しかない」

「なるほど。おっさんのおかげだよ」

俺は褒められて、照れながら頭をかいた。

「今回、電話を取って、受話器を置くまでどれくらいかかったと思う？」

「15分くらいかな」

「そのくらいだな。2週間続いた電話も約15分で解決だ。

繰り返しになるが、**一番大切なのは、『心構え』**だ。電話対応の場合は、心構えを映像に浮かぶくらい声に乗せることが必要だ。これが非言語の力になって、すべてに影響していくんだ」

「とにかく、これで福岡さんに声をかけられそうな気がするよ。おっさん、ありがとう」

「（俺もあの当時こんな積極性があればな） お前の頭は、そればっかりだな(^^)」

クレームは、直接対応、電話対応だけじゃない！

電話でのクレームを解決した俺と太郎は、意気揚々と家に帰りベッドに横になった。俺もまた勉強になった。「電話対応のポイント」を言語化できたからだ。

「おっさん、まさか電話のお客様が町内会の役員の方とは思わなかったよ。伝え方はあるけど街の景観のことを真剣に考えていただけるのはありがたいね」

「太郎、大人になったな。そうだ。クレームを言ってくる方はすべてではないが、実はそれだけ市政に関心があるということなんだ。

お客様側からみれば、『どこに相談したらいいかわからない、役所に電話すればなんとかなるだろう』と電話したところ、言いがかりのようにとらえられた。そしてここに普段抱いている不安が加わったんだ。

つまり、お客様は期待しているからこそ怒りが湧いてくるんだ。ただ、太郎が真摯に対応したことで、お客様も『まだまだ市役所に期待していいな』と思っていただいたはずだ。これからもお客様を大切にしろよ」

「わかったよ!! ところで、おっさん、相談なんだけど、三宅係長が言われてた『職場リーダーになって同僚達に窓口応対を教える』ってどう思う?」

「それこそ、戸籍係の福岡さんに近づくチャンスじゃないの」

「やっぱりそうだよね!!」

「ただ、もう少しクレーム対応を学んだほうがいいよな」

「ひょっとして、自分が昔福岡さんに声をかけられなかったからといって、弱気になってんの?」

俺は顔を赤くして少しムッとしながら言った。

「違う!! クレーム対応は直接対応、電話対応だけじゃないんだ。メールや文書によるクレームもある。そこを学んでから職場リーダーになったほうが恥をかかなくていいんじゃないか」

「というか、メールって別に直接怒鳴られるわけでもないし、電話にくらべたらましだと思うんだけど」

「メールは精神的ダメージは少ないものの、ディスコミュニケーションから長期化・深刻化することも多く、いかに早くメールから電話に持ち込むかがポイントになるんだ。**クレーム対応は、直接対応を基礎として、電話、メールと難易度が上がるため、簡単なほうに持ち込むことが重要**なんだ」

「なるほど。確かに心構えによる非言語の影響力も使えそうにないし、メールだけだと長引きそうな気がするね。それで、具体的にどうしたらいいの？」

「そうだな。メールは決められた構文（順番）に沿って文章を作成することによって、クレームを解決するんだ。この構文は、『交渉』でお客様に伝えるときと同じだ」

「プリフレームをしてお客様に大前提を示し、その中でできることを伝えるだったよね？（※52ページ参照）

「そうだ」

「電話のときのように、他にメールならではの気をつけることはないの？」

（あれっ他になにかあったっけ？　ないはずないよな。考えろ！　考えろ！）

俺はもったいぶる振りをして時間を稼いだ。

「おっさん、なにもったいぶってんの。早く教えてよ」

（質問されたら思い浮かんだ。そうそうあった、あった）

「いい質問だ、太郎。メールはお客様がどんな方なのかもわからないし、ましてや非言語情報や聴覚情報もなく、あるのは最も情報量が少ない文章だけだ。

メールはその情報量が少ない文章から読み取り、的確にわかりやすい文章を回答することになるが、これがかなり難しい。なぜならお客様が質問している背景がわからないし、お客様によって文章が得意でない方もいらっしゃるからだ。

そこで、お客様に回答する文章は、**『もしこういう意味でしたら』と仮定を置いて、かつ余計なことを書いて誤解されないように聞かれたことだけ短く答える**ことだ。

もっとも文章が得意であれば長くて丁寧な回答がいいに決まっているが、リスクが高いし、メール作成に時間がかかるのでおすすめしない」

「そうか、聞かれたことに短く答えればいいんだね。

メール対応って簡単じゃん♪」

（あれっ、この展開はおかしいぞ。メール対応は難しいはずだ。他になにかあったはず）

「それともう一つある。不信感を持たれないように『一貫性』が大事だ。仕事を表面上ではなく、なんでそうなのかと論理的に理解して説明する必要がある」

「そこなんだけど。その『論理的に理解して説明する』ってどういうこと？　おっさんが後から詳しく説明するって言ってたので、実は、その場限りのことを言って、ごまかしは駄目だってことくらいしか理解していないんだけど」

「**一貫性というのは『ロジカルシンキング』**なんだ。ロジカルシンキングとは、物事を結論と根拠に分け、その論理的なつながりを捉えながら物事を理解する思考法のことだ。

メール対応が難しい理由は、身ぶり手ぶりといった非言語情報で補えないため、ひたすら文章のロジカルシンキングが求められるからなんだ」

「なるほど。それはなんとなくわかるんだけど、仕事に置き換えると具体的にどういうこと？」

（えっ、仕事に置き換えると言われると、うまく説明できない）

「太郎。そこは宿題だ。今日は早く寝よう」

「まあ、メールがきても連絡先に電話すればいいし、今日は疲れたし早く寝よう」

「よし、寝るぞ‼」


俺は部屋の電気を消して、俺も太郎も眠りについた。

★★★　　　　　　★★★

〈ケーススタディ❸　まとめ〉

このパートでは、「電話での相手に非がある場合」のクレーム対応を学びました。

直接対応よりも電話対応のほうが、クレーム対応の難易度は高くなります。

電話対応は、声のみであるため、非言語コミュニケーションの介入の余地がないように思えるかもしれませんが、逆に相手は唯一のコミュニケーション手段である声に集中するため、話す内容よりもその声に乗って伝わるトーンや感情といった非言語コミュニケーションが大切です。

そのため、そのもととなる「心構え」（マインドセット）が重要です。

クレーム対応では、対個人だけでなく組織としても、お客様に不信感をもたれないために、一貫性（ロジカルシンキング）がとても重要です。

一貫性を保つポイントは二つあります。

一つは、「仕事を表面上ではなく、なぜそうなのかと論理的に理解する」こと。

もう一つは、人は感情的になると論理的に一貫性を保つことが難しいため、冷静で理知的な「大人」の人格で対応する。もし誤ったことを言ったらごまかさずに謝罪することが大切です。

電話対応で気をつけるべき3つのポイント

電話対応において気をつけるべきポイントを次に具体的に解説します。

1　**電話対応の場合は、「心構え」を映像に浮かぶくらい声に乗せる**ことが必要です。
具体的には、相手の問題を解決しようとする姿勢を声に1・3倍乗せて、友好的な感情で明るく対応します。顔が見えない分、声にフォーカスし、電話を切るまでずっと、声のトーンが下がっていないか気をつける必要があります。

2　**相手の姿が見えないため、どういう立場なのかを引き出す「質問力」を高める**
ことで解決できます。お客様の立場を徐々に質問し探っていきます（匿名性がお客様を強気にしている可能性がある）。相手の悩みを引き出したら、その感情を「承認」します。

3　もし**可能であれば、直接対応に持ち込む「交渉」**を行います。というのも、顔が見えないため、お客様が強気に出るケースが多々あるからです。たいていの場合は直接対応の話をすると電話は切れます。

太郎君、やっとあの電話かかってこなくなったね！
もう君が病気になるんじゃないかと、ひやひやしていたよ〜
放置バイク問題！
S市役所 市民課
三宅係長！
池照太郎(18)
まわりから聞いたよ！君が解決したんだって〜
すごいね〜！
ありがとうございます。三宅係長のご指導のおかげです！
LEADER
そうか、そうか〜
職場リーダーの件、考えておいてくれよ！
はい、もう少し経験を積んでから考えてみます！
はっはっは 頼んだよ〜
ちらっ…
未来からきた池照太郎(45)
戸籍係 福岡麗香さん
ポワ〜
市民課
朝礼は以上です
さ〜て朝のメールチェック…
!!

池照　様

こんにちは。
同僚から池照さんが
２週間続く電話のクレームを
解決したと聞きました。

戸籍係でもクレーム対応に
困っていますので、
来週の水曜日に
お話しを聞かせていただけますか？
宜しくお願いします。

福岡
福岡
福岡って…
あわわわわ
もしかして憧れの福岡さん!?
!?
どうした、太郎!?
どうしたもこうしたもないよ!
福岡さんが「クレーム対応を教えてくれ」って!
やったな!!
これでついに福岡さんと2人で話ができるぞ!
太郎同士の心の会話
今日は祝賀会だ〜!!
受信トレイ
□　福岡麗香　クレーム対応のご相談
□　Ａｙａｓｅ　お問い合わせフォームから
□　xxxxxxxxx　xxxxxxxxxxxxxxxx
□　xxxxxxxxx　xxxxxxxxxxxxxxxx
なんて返信しよー♡

一週間後
市民課
今日も
よろしくお願いします
さ〜て
今朝のメールチェック…
!!
市民課　担当者へ
1週間前にメール送ったけどどうなっている。
お前ら、一体どうなってるんだ。
昔は住民票とれたのに、窓口に行ったら追い返されるし、
俺を馬鹿にしてるのか。
市長に言うぞ。
Ayase
1週間前って…福岡さんからメールがきた日!?
太郎、あの日のメールを見てみろ!
市民課　担当者様
住民票をとりたいんですけど、どうしたらいいですか？
昔は住民票とれました。先日、窓口に行ったら追い返されました。
どうしてですか？
Ayase

太郎、まずいぞ
これは…
メールは
匿名性が
高いがゆえに、
腹を立てた
お客様が
何をしてくるか
わからないぞ…
あわわわわ
どうしたら
いいの!?
太郎、
ミスしたときは…
「平謝り」
だっ!!
!?
こんなときに
そんな冗談
言わないでよ!
冗談なんかじゃない!
「平謝り」とは
お客様の尊厳と
信頼を回復する…
「全面降伏」
なんだ!!
詳しくは203ページへ

〈ケーススタディ❹　メール対応・クレーム解決のためのロジカルシンキング〉

このパートでは、「メールでのクレーム対応」を学びます。

実際のクレームでは、メールでいきなりクレームを言われるというよりも、窓口や電話の対応でなにかしら不満を持ったお客様が、改めてメールでクレームをつけられるケースが多いです。

【解決・対応できるクレーム】

・自分のドライなメールで激怒された場合
・自分がメールを放置して苦情が来た場合
・制度やルールへの不満が匿名で来た場合

4 メール対応の難しさ

天国と地獄

——太郎は、ひそかに恋心をいだいている戸籍係の福岡さんの事を考えながら眠りについた。太郎はまたもや夢を見る。最初はいい夢だったが……。

気がつくと、太郎は市民課の執務室内にいた。戸籍係のほうを見るとセミロングの可愛い女性がいる。福岡さんだ。

そう思っていると福岡さんがこちらのほうに歩いてきた。ドギマギしていると、目の前に福岡さんが立った。フローラルなすごくいい匂いがする。

「太郎さん。職場リーダーなんてすごいわね。見直しちゃったわ。今度、ランチでも行きませんか？」

「ぜひ、行きましょう」

「じゃあ、来週の水曜日にランチ行きましょう。12時に1階のロビーで待ち合わせしましょう」

と言って、福岡さんは恥ずかしそうに戸籍係に戻っていった。

太郎が小さくガッツポーズをするやいなや、急に場面が変わり、気がつくと自分のデスクのパソコンの前に座っていた。パソコンを見ているとメール受信のお知らせがあった。

メールボックスを開くと、Ａｙａｓｅと名乗るお客様から「昔は住民票を取れたが、先日窓口に行ったら追い返された。なぜか」というようなメールだった。文面からは怒っているかどうかもわからないし連絡先も書かれていない。

太郎が、窓口係に確認すると、心当たりがあるのは何人かいて、おそらく第三者が住民票を取る際に、委任状が必要だったのではということだった。

そこで太郎は、「委任状がいることは法律で決まっているので、詳しくはお電話で説明させていただきたいので、電話で問い合わせてほしい」旨を簡潔に返信すると、10分後くらいにお客様から「なぜかと聞いているのに、法律で決まっているとは馬鹿にしているのか」との返信があった。

2〜3日後、課長が受話器を耳に当てたまま、頭を下げて謝罪している。どうやら、あの後、メールのお客様が太郎に憤慨し、市長への手紙を投書したようだ。たちまち太郎は迷惑をかけた張本人として、三宅係長ともども何日も説明と謝罪にまわった。

そして水曜日、福岡さんと約束した12時に待ち合わせの1階ロビーに行ったが、いつまで待っても福岡さんが来ることはなかった。

「なんで、こうなんるんだ！」

そこで、太郎は目が覚めた。

「太郎、大丈夫か。またまた汗だくだぞ」

「今日の夢は前半は天国だったけど、後半が地獄だった。せっかく、憧れの福岡さんとランチに行く約束したのに。あのメールのせいで」

「まず福岡さんの話を聞こう!!」

「えっ、メールの話聞いてくれないの？」

「それは後だ」

「僕は夢の中ではすでに職場リーダーになっていて、それで福岡さんのほうから『職場リーダーなんてすごいわね』と来週の水曜日ランチ行こうって誘ってくれたんだ」

「なんと、向こうから!!　職場リーダーという『地位』はそんなにすごいのか！」

「おっさん、なにをそんなに興奮してるの？　それで、場面が切り替わって、気がついたらパソコンの前に座っていて、一通のメールが来たんだ。

内容は、昔は住民票を第三者でも取れたのに窓口で追い返されたので、住民票になにが必要ですかというような感じで。連絡先があれば電話したんだけど、連絡先が書いてないのでメールで返信することにした」

「それでどういう内容のメールを返信したんだ？」

「おっさんのいうとおり、メールの内容が曖昧だったので、もしこうであればと仮定して、簡潔に伝えたよ」

「そこまでは間違ってないな。で、具体的にどう回答したんだ？」

「次のように答えたよ。完璧だったと思ったけど、なにがいけなかったの？　このメールの後やり取りしたけど、結局お客様が憤慨して、市長への手紙を投書したので、課長も三宅係長も僕のせいで怒られ、楽しみにしていたランチの待ち合わせ場所にも福岡さんが現れなかったというわけさ。まさに天国と地獄だよ」

ロジカルシンキング～根拠、理由、背景が信頼感を生む

〈太郎が夢の中でお客様へ回答したメール〉

Ａｙａｓｅ様

ご質問ありがとうございます。市民課の池照です。

もし、第三者の住民票を代理で取られたいのであれば、委任状が必要です。

今は、委任状がいることは法律で決まっていますので、申し訳ございません。

ご不明な場合は、お電話で詳しくご説明させていただきますので、下記電話番号にお問い合わせください。

市民課池照電話番号×××××

俺は、太郎の回答したメールを聞いて、はっと気づいた。**「結論」はあるが「根拠」がない**。一貫性とは、最初から最後までブレずに芯が通っていることで、ロジカルシンキングのことだ。

漠然と、ロジカルシンキングとは結論と根拠に分け、その論理的なつながりを捉えながら物事を理解する思考法ととらえていたが、**クレーム対応では勿論「結論」も大切だが、それと同じくらい大切なのは「根拠」**だ。

「おい、太郎。メールに根拠がないぞ。昨日、太郎に説明すれば良かった。申し訳ない。でも夢で良かった。根拠がなければお客様が適当にごまかされていると感じるぞ。言っただろう。一貫性がないと不信感をもたれるって」

「えっ根拠って法律でしょ。それならちゃんと書いたよ?」

「いや、**市役所にとって法律は根拠でも、制度や法律はお客様にとっては、相手側の都合と同じ**だ。お客様が共感できるように、制度やルールができた『公的な理由や根拠』を説明することにより、お客様は納得し、信頼感を得ることができるんだ」

「なるほど。お客様にとってみれば、相手側の都合を一方的に押しつけられた気になったんだね。それにお客様にとっての根拠が書かれていないので、そこに一貫性がないと感じて僕に不信感を持ったわけだね」

「プラシーボ・インフォメーション」から見る「理由」の重要性

「そのとおりだ。人は内容にかかわらず『理由にならない理由』が挟み込まれるだけで、情報の信ぴょう性が増したように感じてしまう心理がある。

例えば、コピー機で順番待ちのとき、『すみません、〈コピーをとらないといけない〉ので、先にコピーをとらせてもらっていいですか?』と頼むと、『5分後に会議なので』と正当な理由で頼んだときと変わらない確率で譲ってもらえることが研究でわかっている。これを、『プラシーボ・インフォメーション(本来、頼み事をする理由にならない情報)』という。

勿論、間違った根拠はご法度だが、伝えたいのは、クレームを言っているお客様から信頼を得るためには『理由』が必要だということだ」

「なるほど。でもルールや制度の根拠、理由って具体的になんなの?」

「だから、仕事を表面上ではなくなんでそうなのかと論理的に理解している必要がある。

具体的にいうと、①「なにに基づいて仕事をしているのか」②「それはなぜどういった理由、背景でできたのかということを理解する」ことだ。

「①の『なにに基づいて仕事をしているのか』というところは、制度、ルール、法律となるが、ここはお客様にとっては相手の都合だ。

お客様にとっては、②の『**制度やルールがどういった理由、背景でできたのか**』が**重要**だ。なぜなら、ここまで伝えられてごまかされているように感じるお客様は少ないだろうし、その理由や背景に共感いただけるかもしれないからだ」

「えっ、そこまで知っておかないといけないの？」

「太郎、仕事ってなんだったか覚えているか？」

「仕事は問題解決です」

「具体的には？」

「えっと、例えば、お客様は住民票がほしいのではなく、その先の問題を解決するために住民票を取っている。だから、問題解決の手段として、住民票を発行しているということだよね？」

「そのとおりだ。

ではクレームは言いがかりか？」

「クレーム対応も問題解決の一つです！」

「そうだ。**クレームは言いがかりではない**。お前達からすると言いがかりに聞こえるかもしれないが、お客様は不安を感じてなにふりかまわず助けを求めているのだ。

そこで対応を誤ると不安が怒りに変わるし、問題解決しようと寄り添えば笑顔に変わるんだ。

プロとして必要なことは、できない事をはっきり伝え、その中でできることを考え、寄り添うことだ。

そして、信頼感を得るために前提となることが、**問題解決しようという『心構え』**、**また結論と根拠（背景）をつなげて論理的に説明する『一貫性』**だ」

「でも、入りたての僕には他に覚えることもあるし厳しいなあ」

「そうだな。本来であれば、ここは三宅係長におさえてほしいところではあるが。ただ、業務は目的ではなく手段なので、手段であれば磨くことができるはずだ。この制度ができた理由、背景をおさえる癖をつけておくと、仕事に応用もきくはずだ」

「ただ、三宅係長はすごくいい上司なんだけど、期待できないしなあ。僕ががんばります（笑）」

「いいぞっ太郎‼　さぁ市役所行かなきゃ遅刻するぞ」

「あっ、ほんとだ」


俺と太郎が玄関を出ると、隣の天川さん家のジョンが生垣から顔と手を出して、まるで応援しているかのように手を上下に振って、「ワン」と吠えた。

福岡さんからのメール

俺と太郎は市役所の市民課に着くと、三宅係長が太郎に話しかけてきた。

「太郎君、やっとあの電話かかってこなくなったね。もう君が病気になるんじゃないかと、ひやひやしていたよ。でも、まわりから聞いたよ。君が解決したんだって。すごいね。とにかく良かった」

「ありがとうございます。三宅係長のご指導のおかげです」

三宅係長は満面の笑みになって高笑いした。

「そうか、そうか。職場リーダーの件、考えておいてくれよ。はっはっはっ」

「はい、もう少し経験を積んでから考えてみます」

俺と太郎は、ちらっと隣の戸籍係の福岡さんを見た。今日もふんわりとした可憐な雰囲気をただよわせている。

「じゃあ今日もがんばってくれ。頼りにしてるぞ」

「はい、わかりました」

三宅係長にお辞儀をすると、太郎は自分のデスクのパソコンの前に座った。

パソコンを見ているとメール受信のお知らせがあった。メールボックスを開くと次のようなメールだった。

〈受信メール〉
池照様
こんにちは。同僚から池照さんが2週間続く電話のクレームを解決したと聞きました。戸籍係でもクレーム対応に困っていますので、来週の水曜日にお話しを聞かせていただけますか。よろしくお願いします。
福岡

「福岡って、もしかして憧れの福岡さん？　どうしよう。どうしょう」

「どうした、太郎」

「おっさん、どうしたもこうしたもないよ。福岡さんからクレーム対応を教えてくれって」

「やったな‼　これでついに福岡さんと2人で話ができるぞ」

俺と太郎は手をとりあって大喜びあった。

「いつも悪夢が正夢になるので、今回もメールが届いた瞬間かまえたよ」

「そうだな。俺もびっくりしたよ。今日は祝賀会だな！」

「そうだね。家でお祝いしよう‼」

俺と太郎は、パソコンにもう1通メール受信のお知らせがあったことに気づいていなかった。

見落とされたメール

それからというもの俺と太郎は、仕事から家に帰ってから、来週の水曜日に向けて、福岡さんへの話しかけ方を研究することに集中した。ここ1週間クレームをほとんどない平和な毎日だ。

「『福岡さん、メールありがとうございます。お声がけありがとうございます！』って硬いかな」

「はじめて話すし、最初はそのくらいでもいいだろう。いや〜なんといってもここで未来が変わるかもしれないからな〜♪」

「ところで、未来が変わってもおっさん大丈夫なの？」

「そりゃ大丈夫でしょー。俺もいつ未来に帰れるかわからないし」

「おっさん、意外と楽観的だね。まあ、いっか」

「さぁ太郎、市役所行くぞ」

「ラジャー!!」

俺と太郎が玄関を出ると、隣の天川さん家のジョンが生垣から顔を出して、ぷるぷると震えながら、「キャン」と鳴いた。

窓口係に到着すると、太郎は自分のデスクのパソコンの前に座った。パソコンを見ているとメール受信のお知らせがあった。メールボックスを開くと次のようなメールだった。

〈お客様からの受信メール〉
市民課担当者へ
1週間前にメール送ったけど、どうなっている。お前ら、一体どうなってるんだ。昔は住民票取れたのに、窓口に行ったら追い返されるし、俺を馬鹿にしてるのか。市長に言うぞ。
Ａｙａｓｅ

「えっ、1週間前って、もしかして福岡さんからメールがきた日？」

「太郎、あの日のメールを見てみろ！」

太郎は、1週間前のメールを確認すると、その中にＡｙａｓｅと名乗るお客様からのメールがあった。

〈1週間前のお客様からの受信メール〉

市民課担当者様

住民票を取りたいんですけど、どうしたらいいですか？

昔は住民票取れました。先日、窓口に行ったら追い返されました。どうしてですか？

Ａｙａｓｅ

「夢で見たメールと同じじゃん‼　しかもメールの返信が遅れたおかげで夢の状況より悪いじゃん」

太郎が、窓口係に確認すると、心当たりがあるのは何人かいて、おそらく第三者が住民票を取る際に、委任状が必要だったのではということだった。

さらに、他の同僚もこのメールに気づいていたが、どう返したらいいか考えている間にメールだからと後回しになり、1週間後の本日を迎えたようだ。

「太郎、まずいぞ、これは。メールは匿名性が高いがゆえに、腹を立てたお客様がなにをしてくるかわからないぞ」

相手の尊厳と信頼を回復させる「平謝り」

「どうしたらいいの、おっさん」

「太郎、**ミスしたときは『平謝り』**だ」

「こんなときにそんな冗談言わないでよ」

「冗談なんかじゃない。お客様は、1週間もメールを放置されて今自らの尊厳を脅かされているんだ。『恐れ』に対して怒りが沸き起こっているので、全面降伏すれば少しは尊厳が回復する。

また、人は窮地に立たされたときに本性が出るものだ。このときに真摯に対応すれば逆に信頼を得ることもできる。

つまり、**『平謝り』とは、お客様の尊厳と信頼を回復する『全面降伏』**なんだ。だからその際、言い訳は一切してはいけない」

「わかった。まずは全面的に謝るメールを送信してみる」

〈お客様への回答メール〉

Ａｙａｓｅ様

市民課の池照です。

1週間前にメールをいただいていたのに気づかず大変申し訳ございません。

こちらの不手際で完全に確認を漏らしてしまいました。

できましたらお電話で直接お詫びしたいので、こちらからお電話をおかけしますので、お電話番号を教えていただけないでしょうか？

市民課池照電話番号××××

メールを返信すると5分後くらいに返信があった。

〈お客様からの受信メール〉

市民課担当者へ

というか、メールはお前しか確認してないのか。

お前らいったいどうなってんだ。

市長に言うぞ。

Ａｙａｓｅ

「おっさん、これ素直に他の同僚もメールを確認したけどそのまま放置されてたことを言ってもいいのかな？」

「そんな事言ったら、火に油を注ぐぞ。事実、クレーム対応はお前しかやっていないのだから、お前が『係を代表して』ひたすら謝れ」

「僕は上司でもないのに僕が係を代表して誤っていいの？」

「**お客様にとっては、お前も同僚も上司も全部市役所だ**。だからお前が代表して平謝りするんだ」

「わかったよ」

〈お客様への回答メール〉

Ａｙａｓｅ様
Ａｙａｓｅ様のおっしゃるとおりです。

係全体の不手際です。

係を代表して、Ａｙａｓｅ様を不快な気持ちにさせてしまったことを深くお詫びします。

大変申し訳ございませんでした。

市民課池照電話番号××××

メールを返信するとすぐに返信があった。

〈お客様からの受信メール〉
市民課池照さんへ
係というか、市役所全体の不手際だがな。
というか、お前もこんな係にいてかわいそうだな。

ところで、住民票を取りたいが、どうしたらいいか？
昔は住民票取れたが、先日、窓口に行ったら追い返された。
どうしてだ？

Ayase

それとお前が係を代表して謝罪したことで、お前自身に対する信頼感も向上したんだ。
「お前の真摯な平謝りで、お客様の尊厳と信頼が回復したんだ。

「おっさん、なんかお客様、トーンダウンしたみたいだよ」

お客様だって、係全体の責任で、お前だけの責任とは思っていないからな。
さあ、あとは前に教えたとおりにやってみろ」

「えっと、問題解決しようという心構えで、結論と根拠（理由、背景）をつなげて一貫性をもって論理的に説明することが大切だったね？

そして、僕達にとっては制度やルールが根拠だけど、お客様にとってはこちら側の都合なので、制度やルールがどういった理由、背景でできたのかという根拠を説明することが大切だったよね？」

「そのとおりだ」

「よしっ！　メールを返信してみる！」


〈お客様への回答メール〉

Ａｙａｓｅ様
ご質問ありがとうございます。

もし、第三者の住民票を代理で取られたいのであれば、委任状が必要です。

Ａｙａｓｅ様がおっしゃるとおり、昔は住民票は誰でも閲覧できる時代があったようです。

しかし、現在は個人情報の意識の高まりもあり、本人や同一世帯員などの限られた人が交付申請することができるようにと、平成18年に法改正されました。

このため、第三者の住民票を取られたいのであれば、委任状が必要となりますので、何卒ご理解をよろしくお願いします。

窓口でのご説明が不足しており、大変申し訳ございませんでした。

ご不明な点がございましたら、お電話で詳しくご説明させていただきますので、お電話番号を教えていただけますでしょうか？

市民課池照電話番号××××

メールを送ると、30分後くらいにお客様からメールの返信があった。俺と太郎は30分が2時間くらいに感じた。

〈お客様からの受信メール〉

市民課池照様

ありがとうございます。

理解しました。

窓口でもあなたのように説明してくれればわかるのですが、「委任状がないと取れません」の一点ばりでしたので。

これからもがんばってください。

Ayase

「おっさん、やったよ。メール解決したよ」

「やったな、太郎。お客様にお前の問題解決の真摯な姿勢が文章から伝わって、根拠を説明することにより信頼感が生まれたんだ。

ところで、最後にお客様に返信したメールは、『ロジカルシンキング』を駆使した精度のものとなっており、直接応対や電話対応に応用すれば、さらにクレーム解決の時間を短縮できる」

「なるほど。**メール対応で学んだロジカルシンキングは、窓口応対や電話対応の交渉のときにも使える**んだね。その際、特に大事なのは、根拠（理由、背景）だよね？」

「そのとおりだ」

「明日は福岡さんと約束の水曜日だ。どきどきするな〜」

「お前の頭の中、福岡さんのことばっかりだな（笑）」

メールでのクレームを見事解決した俺と太郎は、意気揚々と自宅に帰り着いた。明日は福岡さんとの約束の日だ。

★★★

★★★

〈ケーススタディ❹　まとめ〉

このパートでは、「メール」のクレーム対応を学びました。

直接対応よりも電話対応、電話対応よりメール対応のほうが、クレーム対応の難易度は高くなります。

理由としては、お客様の素性がわからないし、背景もわかりません。ましてや非言語情報や聴覚情報もなく、あるのは情報量が少ない文章しかコミュニケーション手段がなく、文章のロジカルシンキングが求められるからです。

メールは短期的・個人的な精神的ダメージは少ないものの、ディスコミュニケーションから長期化・深刻化することも多く、いかに早期にメールから電話に持ち込むかがポイントになります（メールは電話よりもさらに匿名性が高いため、たいていの場合は電話に持ち込むとお客様は沈静化します）。

つまり、クレーム対応は、直接対応を基礎として、電話、メールと難易度が上がるため、簡単なほうに持ち込むことが重要です。

連絡先が記載されていないなどの理由により、やむを得ずメールで対応しなければならない場合は、メールでの対応法である「交渉構文」によりクレームを解決します。

メールのクレーム対応で大切なこと

●自分がミスした場合には、真摯な平謝りで、お客様の尊厳と信頼を回復させます。たとえ、自分のせいではなく組織の責任であっても組織を代表して謝罪することで、あなたへの信頼感が向上します。

●メールでは、お客様の背景がよくわからないため、「もしこういう意味でしたら」と仮定をして、かつ余計なことを書いて誤解されないように簡潔に回答します。

クレームを解決する交渉構文

交渉構文とは、「魔法の3ステップ・クレーム対応術」のメールバージョンです。この交渉構文を活用することにより、メールでのクレームは解決します。

この交渉構文で**大切なのは、「感謝→仮定+結論→肯定→根拠（理由、背景）→結論→謝罪（必要に応じて）→ルールの中での最善策を提案」という「流れ」を守ること**です。

なお、この交渉構文を、直接対応や電話対応に活用すれば、さらにクレーム解決の時間を短縮できます。

それでは、物語の中でクレームを解決したメールをもとに解説しましょう。

物語の中でクレームを解決したメールの解説

Ａｙａｓｅ様

ご質問ありがとうございます。

↓感謝

もし、第三者の住民票を代理で取られたいのであれば、委任状が必要です。

↓仮定＋結論

◆ここがプリフレームにあたる

Ａｙａｓｅ様がおっしゃるとおり、昔は住民票は誰でも閲覧できる時代があったようです。

↓肯定

しかし、現在は個人情報の意識の高まりもあり、本人や同一世帯員などの限られた人が交付申請することができるようにと、平成18年に法改正されました。

↓**根拠（理由、背景）**

◆〇〇年などの数字を入れて説明すると説得力が出る

このため、第三者の住民票を取られたいのであれば、委任状が必要となりますので、何卒ご理解をよろしくお願いします。

↓**結論**

窓口でのご説明が不足しており、大変申し訳ございませんでした。

↓**謝罪（必要に応じて）**

ご不明な点がございましたら、お電話で詳しくご説明させていただきますので、お電話番号を教えていただけますでしょうか？

↓**ルールの中での最善策を提案**

明日はいよいよ福岡さんと話せる日だ！
戸籍係
S市役所 市民課 池照太郎(18)
未来から来た太郎(45)
おやすみー
おやすみー…
……
……
むくっ
zzz
どうしたんじゃ？
あっ神様
何だか胸騒ぎがして…
眠れなくて…
太郎
明日は大変なことが起こるぞ…
え？
S市役所 市民課 池照太郎
明日、市役所に
zzz
「金銭や利益が目的」の悪質なクレームが来るぞ！
!?

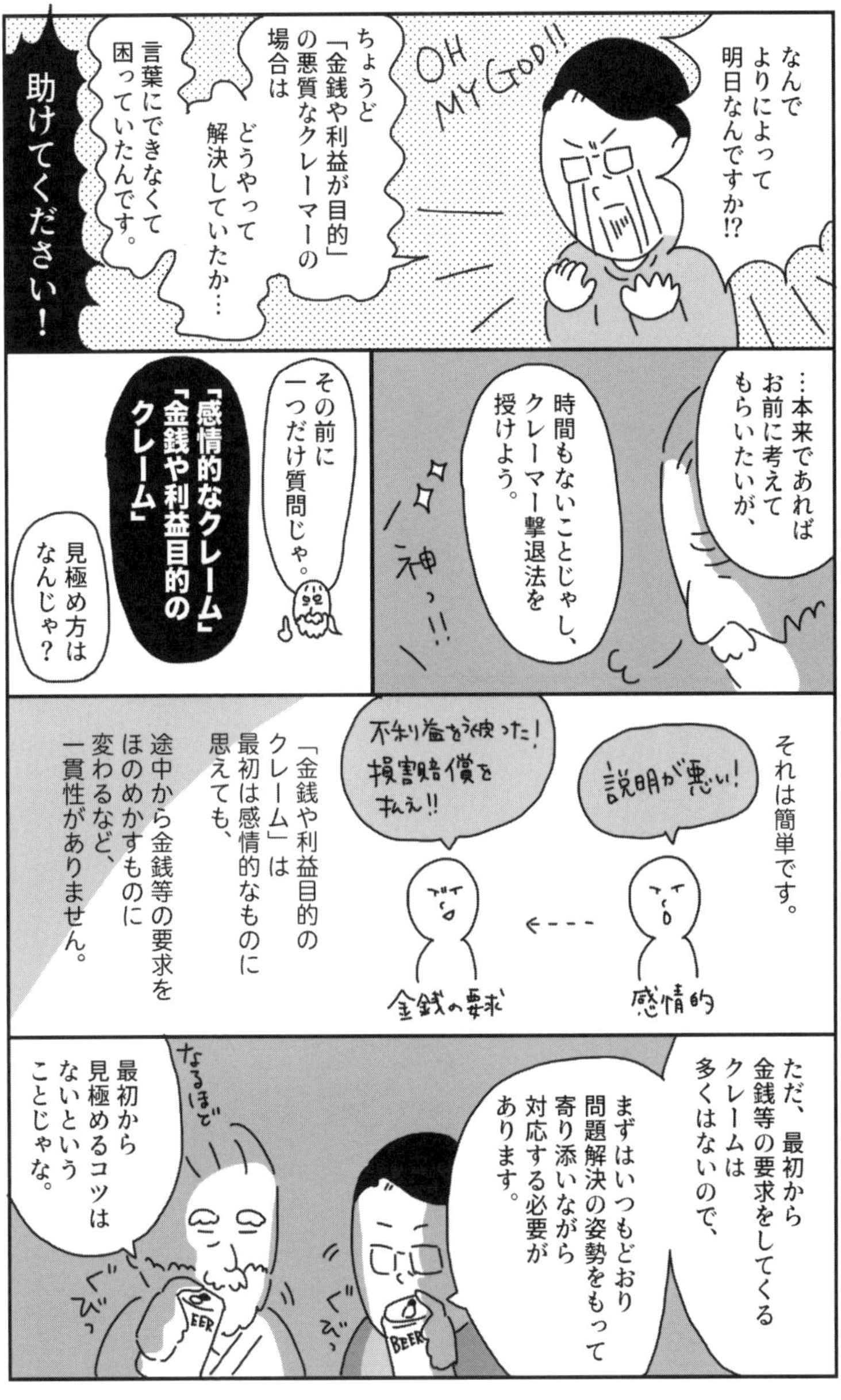

なんでよりによって明日なんですか!?
OH MY GOD!!
ちょうど「金銭や利益が目的」の悪質なクレーマーの場合は
どうやって解決していたか…
言葉にできなくて困っていたんです。
助けてください!
…本来であればお前に考えてもらいたいが、
時間もないことじゃし、クレーマー撃退法を授けよう。
神っ!!
その前に一つだけ質問じゃ。
「感情的なクレーム」「金銭や利益目的のクレーム」
見極め方はなんじゃ?
それは簡単です。
説明が悪い!
不利益を被った!損害賠償を払え!!
感情的
金銭の要求
「金銭や利益目的のクレーム」は最初は感情的なものに思えても、途中から金銭等の要求をほのめかすものに変わるなど、一貫性がありません。
ただ、最初から金銭等の要求をしてくるクレームは多くはないので、
まずはいつもどおり問題解決の姿勢をもって寄り添いながら対応する必要があります。
なるほど
最初から見極めるコツはないということじゃな。
ぐびっ
ぐびっ
BEER
BEER

では
「金銭や利益目的」のクレーマーへの具体的な対応法を授けよう！
めっさわかる刑法
人は態度が9割
まず
毅然とした対応
法律の知識
法
必要に応じて録音
が必要じゃ。
法律のすべてを覚える必要はないが
「威力業務妨害罪」
「脅迫罪」
「名誉毀損罪」
の3つはできるだけ覚えたほうがよいのう。
ほとんどの場合法律を口に出さなくても法律で対処できるという自信が非言語で伝わり相手は踏み込めない。
うっ
万が一法律を口に出さざるを得ないときは…
録音していいですか？
それって脅しですか？
など質問系で尋ねるんじゃ。
そうでした！
法律の知識があることが非言語として相手に強い影響力を与えるんでしたね！
法律と聞いただけで難しく感じる人も多いかもしれないけど…
クレーマー対応で必要な法律は限られているし簡単ですよね！

そうそう
法律の条文だけみるとよくわからないが
言っていることは単純じゃ。
刑法234条、233条
（威力業務妨害）
第二百三十四条　威力を用いて人の業務を妨害した者も、前条の例による。
（信用毀損及び業務妨害）
第二百三十三条　虚偽の風説を流布し、又は偽計を用いて、人の信用を毀損し、又はその業務を妨害した者は、三年以下の懲役又は五十万円以下の罰金に処する。
怖がらせるなどして業務を妨害すると罪になる
ところで
クレーマーといって、思いつくのはなんじゃ？
こちらを怖がらせたり精神的にダメージを与えて要求をのませる行為…
たとえば「大声を出す」「執拗な迷惑電話」「脅し」「SNSへの拡散」などですかね？
そのとおり！
では…
更に実用的な対応方法を教えてしんぜよう！
カッ
詳しくは228ページへ

〈ケーススタディ❺　ハードクレーマー対応・法律を押さえる〉

このパートでは、**「金銭の要求を目的とするもの」**への対応法を学びます。
ハードクレーマーに対しては、法的措置も視野に入れた毅然とした対応や、必要に応じて録音が必要です。

【解決・対応できるクレーム】

・大声や無言電話など、長時間の電話で業務を妨害された場合
・脅された場合
・相手から社会的評価を傷つける旨を告知された場合
・なにかにかこつけて弁償を迫られた場合
・不当な要求（土下座、金品などの利益誘導）をされた場合

5 しつこいクレーマー

福岡さんと約束の日の前日

家に帰り着いた俺と太郎は、明日の福岡さんとの約束をひかえ、ベッドに横になった。今日も勉強になった。「メール対応のポイント」を言語化できたからだ。直接対応よりも電話対応、電話対応よりメール対応のほうが、クレーム対応の難易度は高くなる。ただ、基本は変わらない。電話対応、メール対応特有のポイントがあるだけだ。

俺は今まで学んできたことを思い返し頭の中を整理した。

頭を整理して、ふと思った。

〈ちょっと待てよ。これまでのクレームは「感情的なもの」だったが、「金銭や利益が目的」の悪質なクレーマーの場合はどうやって解決してたんだっけ？）

「おっさん、なに考えているの？　明日、待ちに待った福岡さんとの約束の日なんだから、万全の体調を整えて寝ようよ♪」

「太郎。そういえば、福岡さんからのメールの件だが、戸籍係でどんなクレームで困ってると思う？」

〈8日前の福岡さんからの受信メール〉

池照様

こんにちは。同僚から池照さんが2週間続く電話のクレームを解決したと聞きました。戸籍係でもクレーム対応に困っていますので、来週の水曜日にお話しを聞かせていただけますか。よろしくお願いします。

福岡

「わかんないけど、これまで僕達が解決してきたような窓口か電話のクレームじゃないの？　明日は格好いいところをみせたいな♪」

「まあ、そうだよな。明日はいいところをみせよう！（俺にとっても念願の日だ？）

さあ早く寝よう」

「明日、楽しみ。今夜はいい夢見れそうだね♪」

「そうだね。よし、寝るぞ!!」


俺は部屋の電気を消して、俺も太郎も眠りについた。

胸騒ぎ

俺はしばらくすると目が覚めた。隣では太郎がにやけた顔で寝息をたてている。きっと福岡さんの夢でも見ているのだろう。

俺はというと寝付けずにいた。というのは、若き日の俺は窓口でお客様に怒鳴られてばかりだったので、格好悪くて福岡さんに声をかけることができず、その後、誰とつき合ってもうまくいかずいまだ独身貴族だ。

あれから俺も成長したが、「もし、また福岡さんの目の前でお客様に怒鳴られたら」とナーバスになっていた。もっとも、怒鳴られるのは俺ではなく太郎ではあるが、自分であることには変わりはない。

それになぜだかわからないが胸騒ぎがしていた。寝付けずに悶々としていると、枕元に神さまが現れた。

「どうしたんじゃ」

「あっ神さま。なんだか胸騒ぎがして」

「それだけじゃないようじゃが。まあよい。明日は大変なことが起こるぞ」

「えっ、大変なことってなんですか？」

「クレーマーじゃよ。これまでお前と太郎が解決してきたクレームは『感情的なもの』じゃったが、明日現れるのは『金銭や利益が目的』の悪質なクレーマーじゃ」

「なぜよりによって明日なんですか!!　神さま、ちょうど『金銭や利益が目的』の悪質なクレーマーの場合はどうやって解決していたか、言葉にできなくて困っていたんです。助けてください」

「しょうがないのう。

本来であればお前に考えてもらいたいところであるが、時間もないことじゃし、クレーマー撃退法を授けるとする。よく聞いて思い出すがよい」

「はい、よろしくお願いします」

クレーマーの見極め方

「その前に一つだけ質問じゃ。

『感情的なもの』と『金銭の要求を目的とするもの』のクレームの見極め方はなんじゃ?」

「それは簡単です。

『金銭や利益目的のクレーム』は、最初は感情的なものに思えても、途中から金銭の要求をほのめかすものに変わるなど、一貫性がありません」

「そうじゃな。最初から金銭や利益目的なので、例えば最初は『接遇態度がなっていないので気分を害した』などのクレームから入って、誠意をもって謝罪しても、だんだん金銭や利益目的に変化するので、わかりやすいのう」

「はい、ただ最初から金銭の要求をしてくるクレームは多くはないので、まずはいつもどおり問題解決の姿勢をもって寄り添いながら対応する必要があります」

「なるほど。最初から見極めるコツはないということじゃな」

「そのとおりです」

「では、今から具体的なクレーマーへの対応法を授けるとする」

「思い出しながら聞きますので、よろしくお願いします」

クレーマー対応の基本

「まず、金銭や利益目的のクレーマーに対しては、毅然とした対応や法律の知識、必要に応じて録音が必要じゃ。法律のすべてを覚える必要はないが、『威力業務妨害罪』『脅迫罪』『名誉毀損罪』の3つはできるだけ覚えたほうがよいのう。

ほとんどの場合、法律を口に出さなくても、法律で対処できるという自信が非言語で伝わり、相手は踏み込めない。

万が一、法律を口に出さざるを得ないときは、例えば『録音していいですか？』『それって脅しですか？』など、質問系で尋ねるんじゃ」

「そうでした。法律の知識を知っていることが非言語として相手に強い影響力を与えるんでしたね。

法律と聞いただけで難しく感じる人も多いかもしれませんが、クレーマー対応で必要な法律は限られているし簡単ですよね」

「そのとおりじゃ。法律の条文だけみるとよくわからないが、言っていることは単純じゃ。

ところで、クレーマーといって、思いつくのはなんじゃ」

「こちらを怖がらせたり、精神的にダメージを与えて要求を飲ませる行為ですかね」

「例えば？」

「大声、執拗な迷惑電話、脅し、ＳＮＳへの拡散などですかね」

大声や無言電話などへの対応

「では、まず大声、執拗な迷惑電話についてじゃが、『威力業務妨害罪』が成立する可能性がある。

大声で怒鳴り続けることや、机を音を立てて叩き続けることも「威力」に該当する。つまり、怖がらせるなどして業務を妨害することで犯罪が成立する可能性があるということじゃ。

例えば、店内で暴れたり騒ぐ行為、店員を大声で怒鳴る、他の客に喧嘩を売る、特定の相手に対して執拗に迷惑電話をかける、無言電話も対象じゃ。実際、飲食店に対して3カ月で約970回無言電話をかけて有罪となったケースもある」

「怖がらせるなどして業務を妨害することが罪になると知っているだけで、微妙な身ぶり、手ぶり、声のトーンといった非言語で相手に伝わるので、不当な要求をしにくくなりますよね。

ただ、誠実な対応を行っても、電話を切らせてもらえない場合や暴言が続く場合は、どうしたらいいんでしたっけ？」

「あくまでも誠意をつくしてひととおりの対応を終えた後じゃが、電話を切らせてもらえない場合や暴言が続く場合は、『そのようなご要望にはお応えできかねます。失礼いたします』と毅然とした態度をとることじゃ。

それでも相手が食い下がってくる場合は、例えば『大声を出されると怖いのですが、業務の妨害をされているのですか？』と冷静に質問するんじゃ。

相手は、金銭や利益が目的なので、計画的であればあるほど相手は冷静なので、ものすごく嫌な予感がして、急に引き下がるじゃろう」

「それでも引き下がらない場合は、警察に通報する警告を行う。それでも駄目な場合は、実際に通報ですね」

「そのとおりじゃ。おそらくそこまでしなくても、業務を妨害することが罪になるという知識があって毅然とした態度をとるだけで解決する。それでも解決しないときのポイントは、『大声を出されると怖いのですが、業務の妨害をされているのですか？』といったように罪の要件となることを冷静に質問することじゃ。

威力業務妨害罪の要件は、威力を用いて業務を妨害することなので、これに相手が『はい』と答えたら、威力業務妨害罪が成立する可能性があるからのう」

「もし警察沙汰になったときに、相手も『そんなつもりはありませんでした』と言い逃れが難しくなりますよね。法律は口に出していないものの、罪の要件となることを冷静に質問することで、『この相手に金銭や利益を要求するのはやめておこう』となりますよね（笑）」

脅された場合の対応

「次は、脅された場合の対応じゃが、『脅迫罪』が成立する可能性がある。体や名誉、財産に危害を加えると告知された場合に犯罪として成立する可能性がある。例えば、『土下座をしなければお前をネットにさらすぞ』と発言した場合には、名誉に対して危害を加えると告知したことになり、脅迫罪が成立する可能性がある」

「俺が若い頃は、住所や家族のこと聞かれたり、『月夜の晩だけじゃないからな（夜道に気をつけろ）』と体に危害を加えると脅されましたが、最近はネットにさらすと脅してくる相手もいますよね」

「そうなんじゃ。カスタマーハラスメント（カスハラ：顧客などからの著しい迷惑行為）が増えている原因の一つに、SNS人口の増加によりクレームを言いやすい環境が整っていることも背景にあるようじゃ。

そのような脅しには毅然とした対応をするということを、口頭で伝えることは勿論、店内で明示したり、ホームページに記載したりすると抑止力になるんじゃ」

「毅然とした対応を行っても、相手が引き下がらない場合は、『それって脅しですか？』と罪の要件となることを冷静に質問すればいいんですよね」

「そのとおりじゃ。後は証拠をとるために、『録音する』ことも重要じゃ。その場合も『録音させていただいてもいいですか？』と冷静に質問するんじゃ」

「それを言われると相手はものすごく嫌でしょうね」

みんなの前で社会的評価を傷つけられた場合の対応

「最後に、嘘か真実かを問わず、公然と事実を摘示し、人の名誉（社会的評価）を毀損した場合には『名誉毀損罪』が成立する可能性がある。

つまり、嘘でも真実でもみんなの前で社会的評価を傷つけられたら名誉毀損罪が成立する可能性があるんじゃ。

例えば、従業員を土下座させた上でその様子を写真・動画に撮り、ＳＮＳで拡散したような場合には、名誉毀損罪が成立する可能性がある」

「これに関しては、『真実をみんなの前で言っても罪にならない』と名誉毀損の意味を誤解している人も多いので、相手にはっきり伝えたほうがいいですよね？」

「そうじゃな。威力業務妨害罪や脅迫罪は知っていても、名誉毀損罪が具体的にどんな場合に該当するか知らない場合も多いので、相手から社会的評価を傷つける旨告知された時点で『それは名誉毀損罪にあたります』とはっきり伝えたほうがいいじゃろう」

「わかりました!!　神さま、ありがとうございます。これで明日、自信をもって臨めます！」

「工作物」への言いがかりへの対応

「ちょっと待て太郎。市民課での対応はこのくらい覚えておけば大丈夫じゃが、この先別の部署に異動することもあるじゃろ？」

「はい、市役所は3～4年で別の部署に異動します」

「では、その際、市が設置する看板やカラーコーンなどの工作物への言いがかりに対抗する『工作物責任』を教えておく。

工作物責任とは、例えば、看板が落下して、通行人が死傷したり、車が破損した場合のように、建物などの工作物の瑕疵《かし》（きず、欠点があること）により、他人に損害が生じた場合の損害賠償責任じゃ。

工作物責任のポイントは、工作物と被害との因果関係を証明するのは被害者であるということじゃ。

例えば、「この看板のせいで怪我をした。弁償しろ」とクレームを言う側が、看板（工作物）のせいで怪我をしたことを証明する責任がある。また、工作物の管理者は、想定しない異常な行動まで管理責任は問われないんじゃ」

「市役所では、『カラーコーン（市の工作物）に躓いて怪我したので治療費を払え』、『柵（市の工作物）の隙間から子どもが落ちて怪我したので損害賠償しろ』などのクレームはよく聞きますね。

安全対策をしっかりしておくことは大前提ですが、金銭目的の言いがかりの場合、カラーコーンや柵と怪我との因果関係を証明するのは相手側ということですね。

そして、相手がわざとカラーコーンにぶち当たったりと想定しない行動によって怪我したときまでは責任は問われないということですね」

「市側が責任を問われるかどうかは裁判で争われるところだと思うが、わしが言いたいのは、工作物責任を知っていることで、相手に言いくるめられて安易に示談をするということを防止できるということじゃ」

「なるほどですね。工作物責任については、慎重に対応します」

「わしの教えはここまでじゃ。

明日の検討を祈る!!」

そう言うと神さまは消えた。俺も心配事がなくなり安心して眠りについた。

次の日、俺も太郎も、同じベッドで爽やかに目覚めた。

「おっさん、いよいよ今日福岡さんと話す日だね。ドキドキするね」

「そうだな。今日は決戦の日だ！」

「えっ、決戦の日ってどういうこと？　おっさんにとっては福岡さんと話すことは決戦なの？」

「行けばわかるさ。さぁ太郎、市役所に行くぞ」

「ラジャー‼」


俺と太郎が玄関を出ると、隣の天川さん家のジョンが生垣から顔を出して、闘志をめらめらと出しながら、応援するように「ワン、ワン」と2回吠えた。

クレーマーとの対決

俺と太郎は市役所の市民課に着くと、三宅係長が太郎に話しかけてきた。

「太郎君、メールでのクレームも解決したんだって。まわりから聞いたよ。さすがだね。

とにかく良かった」

「ありがとうございます。なにもかも三宅係長のご指導のおかげです」

三宅係長は満面の笑みになって高笑いした。

「そうか、そうか、これで、窓口、電話、メールでのクレームを解決しただろう？　職場リーダーの件、もういいんじゃないか？」

「太郎、今日のクレームを解決してからだ」

俺は小さな声で太郎に耳打ちした。

「三宅係長、もう少しだけ待ってください」

「あまりじらすなよ。早い返事を待っているぞ」

「わかりました」

俺と太郎は、ちらっと隣の戸籍係のほうを見るとセミロングの可愛い女性、麗しの福岡さんがいる。福岡さんもこちらに気がついたようだ。

俺と太郎はドキドキしながら、福岡さんの目の前まで歩いて行くと、福岡さんは微笑んでくれた。が、どこか表情は暗い。


「福岡さん、メールありがとうございます。お声がけありがとうございます！」

「同僚から池照さんが2週間続く電話のクレームを解決したと聞きました。戸籍係でもクレーム対応に困っていますので、お話しを聞かせていただきたくメールしました」

「僕にできることでしたらなんでも。どういったクレームですか？」

「私がいる戸籍係は、戸籍を発行する業務を行っています。

クレームの発端は約1カ月前の電話です。匿名の男性から『実の親の戸籍を取りたいが委任状はいるのか？』という電話があって、必要ないことを伝えるとすぐに電話を切られたんですが、すぐに切られたので免許証などの本人確認書類が必要であることを伝え漏らしたんです。

そしたら、次の日、またその男性から、『市民課に親の戸籍を取りに遠方から半日かけて行ったが、本人確認書類がないので戸籍を出せないと言われた。私はあなたと市役所に対して不信感を抱いている。その戸籍がないことで自分は不利益をこうむった。往復の交通費に不利益をこうむった分の損害賠償をしろ』と電話があったんです。

私も本人確認書類をお伝えしなかった落ち度があるので、何度も謝罪して真摯に対応していたのですが、どんな損害が発生したかも確認ができないし、行政は規則で決められているので法的に認められないと損害賠償はできないとお伝えしたんです。

そうすると、次の日から毎日その男性から名指しで電話があって、フルネームや住所、家族の財産を聞かれたり、揚げ足を取られては『いつになったら損害賠償金を振り込んでくれるんだ』と1時間以上クレームを受けています」

福岡さんが目に涙をためながら話してくれた。笑顔もひきつっており、よほどつらかったのだろう。

「おっさん、なにか変だね。この話」

「そうだな。この男性が、初めから本人確認書類が必要であることを知っていたのか、知らないのかはわからないが、計画的で金銭目的なクレーマーのような気がするな」

「なんでクレーマーってわかるの？」

「クレームには『感情的なもの』と『金銭の要求を目的とするもの』があるって伝えたよな？　『金銭や利益目的のクレーム』は、最初は感情的なものに思えても、途中から金銭の要求をほのめかすものに変わるなど、一貫性がない。まさにこのケースだ。

この男性は、脅しも入っているし、毎日長時間電話するなど、相手を精神的に追い詰めてお金を払うのを待っている感じがするな」

「この男性が金銭目的なのはわかったけど、具体的にどうすればいいの？」

「誠意をつくしてひととおりの対応を終えた後でも、長時間の電話で業務を妨害される場合は、威力業務妨害罪が成立する可能性がある。

また、体や名誉、財産に危害を加えると告知された場合は脅迫罪の可能性もある。住所や家族を聞いているのは遠回しに脅しているようなものだ。

これらの法律を知っているだけで、声のトーンなどの非言語で相手に伝わるので、不当な要求をしにくくなるが、誠実に対応しても電話を切らせてもらえない場合や暴言が続く場合は、『そのようなご要望にはお応えできかねます。失礼いたします』と毅然とした態度をとることだ。

毅然とした対応を行っても、相手が引き下がらない場合は、『それって脅しですか？』と罪の要件となることを質問したり、後は証拠をとるために、『録音する』ことも大切だ。その場合も『録音させていただいてもいいですか？』と質問するんだ。そして、最後の手段として、警察に通報する警告を行う。それでも駄目な場合は、実際に通報だ」

「なるほど。とりあえず目の前の福岡さん、どうすればいい？」

「池照さん、なにをさっきから話しているんですか？」

と福岡さんが怪訝そうな顔で話しかけてきた。

「太郎、申し訳ない。とりあえず『自分がいるからなにも心配ない』と安心させろ」

「福岡さん、1カ月も辛かったですね。僕が思うにその男性は、計画的で金銭目的なクレーマーのような気がします。

『金銭目的のクレーム』は、**最初は感情的なものに思えても、途中から金銭の要求をほ**

のめかすものに変わるなど、一貫性がない。まさにこのケースだと思います」

「池照さん、私はどうすればいいんですか？」


目に涙をためながら尋ねてきた。

「福岡さん、僕にまかせてください。そのクレーマーを撃退してみせます」

「でも池照さんは戸籍係じゃないし、私に撃退法を教えてください」

「男性には僕が戸籍係かどうかはわからないよ。それにいきなりクレーマーの対応は難しいと思う。僕にまかせてよ」

「ありがとう。池照さん」

福岡さんの顔がぱっと明るくなった。

すると、目の前の電話が鳴った。太郎が電話を取った。電話の男は福岡さんに電話を代わるように要求してきた。福岡さんは怯えた目で「例の男だ」という合図を送った。太郎は頷きながら「まかせて」という合図を福岡さんに送った。


「はい、もしもし市民課の池照です」

「あなた誰ですか。早く福岡さんに変わってください」

「本件は福岡から聞いています。本件は池照が担当させていただきます」

「あの姉ちゃんと直接話したいんや。お前は引っこんでろ！」


急に男の口調が強くなった。


「本人からも事情を聞いていますが、私からも謝罪させてください。この度は本人確認書類のご案内が漏れたせいで、ご迷惑をおかけしまして誠に申し訳ございません」

「お前が謝っても無駄だ。俺はあの姉ちゃんに損害賠償金を振り込んでもらえばそれでいいんや」

「損害賠償金ってどういうことですか？」

「姉ちゃんから聞いとるんやなかったのか。ぼけ‼　あいつのせいで不利益をこうむった。往復の交通費に不利益をこうむった分の損害賠償をしろ！」

「大変申し訳ございません。具体的にどのような不利益をこうむったのですか？」

「うるさいわ。ぼけ‼　早く俺の口座に振り込めばいいんや！」

「私どもの手落ちによってどのようにご迷惑をおかけしたのか、具体的に教えていただいてもいいですか？」

「お前、俺をなめてんのか!!　お前のフルネームと住所を教えろ！」

男は大声でまくしたてた。

「恐れ入りますが、フルネームと住所を聞かれている目的はなんですか？」

電話口から男が一瞬ひるんだのがわかった。

「うるさいわ。お前の対応、マスコミに流すぞ。いいのか？」

「大声を出されて金銭を要求されて怖いんですけど、それって『脅し』ですか？　ここから『録音』させていただいてもいいですか？」

「いい度胸しとるやないけ、兄ちゃん。お前じゃ話にならん。上司出せ!!」

「これ以上お話ししても話が前に進まないと思うのですが、あなたは毎日1時間以上電話して『業務を妨害』しているのですか？」

「なんやと～。覚えてろ!!」

男は電話を切った。

太郎は、福岡さんに、ウィンクとともにガッツポーズを送った。

「池照さん、ありがとう。ほんとうにありがとう。格好良かったです。お礼に今度、ランチをご馳走させてください」

「えっそんなお礼だなんて。この1カ月本当に大変だったと思うので、慰労会ということで僕からご馳走させてください」

「えっ、ほんとですか！　じゃあ、来週水曜日の12時に1階のロビーで待ち合わせましょう」

と言って、福岡さんは恥ずかしそうに俯いた。

俺と太郎は感激のあまり福岡さんに一礼し、窓口係に戻った。その日は俺と太郎は疲れと興奮でその後のことは覚えていない（笑）。

職場リーダーに任命される

次の日、俺と太郎は市役所の市民課に着くと、三宅係長が太郎に話しかけてきた。

「太郎君、戸籍係の福岡さんの上司から聞いたよ。クレーマーを撃退したんだって。すごくお礼を言われて、私も鼻高々だったよ。もう職場リーダーになってくれるよね？」

俺は太郎の目を見て、頷いた。

「ありがとうございます。三宅係長のご指導のおかげでここまで成長することができました。職場リーダーを務めさせていただきます」

三宅係長は満面の笑みになって高笑いした。

「そうか、これで市民課は強い組織になるな。太郎君が職場リーダーになってクレーム対応を各係に教えてくれれば、みんな本来の仕事に集中できて生産性も上がる。明日からよろしく頼むぞ」

「明日からですか？」

「そうだ。よろしくな!!」

「かしこまりました!!」

次の日から俺と太郎は二人三脚でまずは自分の係から始め、戸籍係にもクレーム対応法を教えていった。

福岡さんからの告白

俺と太郎は、福岡さんと約束した水曜日12時に待ち合わせの1階ロビーに行ったが、まだ福岡さんの姿はない。

「おっさん、もしかして以前見た悪夢の再現？」

「太郎、お前、あの後、福岡さんになにかしたか？」

と不安気に話していると、福岡さんが花束を手に持って現れた。

「池照さん、職場リーダーおめでとう。そしてあのとき私を救ってくれてありがとう。これは職場リーダーのお祝いよ」

福岡さんから可愛らしいピンクの花束を手渡された。

「福岡さん、ありがとう。僕、感激です」

福岡さんはどうしたのか、俯いて恥ずかしそうにしている。

「福岡さん、どうしたんですか？」

「私、初めてあなたを見たときからずっと気になっていたの」

「えっ初めから⁇」

「私とつき合ってください‼」

福岡さんは耳まで真っ赤になっている。

「どうぞよろしくお願いします」

俺と太郎は声を揃えて深々と頭を下げた。

そう、太郎と福岡さんはついにつき合うことになったのだ！

一歩踏み出す勇気

思えば、若き日の俺は窓口でお客様に怒鳴られてばかりだったので、格好悪くて福岡さんに声をかけることができなかった。

だが、そんなことは関係ないと今日わかった。福岡さんは、「初めて見たときからずっと気になっていた」と言ってくれた。


つまり、あのときも今も俺に足りないのは「一歩踏み出す勇気」だった。

未来でクレーム対応を部下に教えていないのも、人目や失敗を恐れて、一歩を踏み出す勇気が足りなかった。

それが、過去に戻って18歳の純粋な自分と出会い、さまざまなことを初心に帰って学び直すことで、「勇気」という大切なものを見つけたのだ。

突然、頭の上から「神さま」の声が聞こえた。

「合格じゃ」

その瞬間、俺は目の前が暗くなり、気を失った……。

★★★　★★★

〈ケーススタディ❺　まとめ〉

このパートでは、「ハードクレーマー対応、とりわけ「金銭の要求を目的とするもの」への対応法を学びました。

クレームには「感情的なもの」と「金銭の要求を目的とするもの」があり、この二つのクレームの見極め方としては、金銭や利益目的のクレームは、最初は感情的なものに思えても、途中から金銭の要求をほのめかすものに変わるなど、一貫性がないことが特徴です。

ハードクレーマーに対しては、毅然とした対応や必要に応じて録音が必要です。

また、脅迫罪や威力業務妨害罪などが、どういったときに該当するかという法律の知識もあるとハードクレーマー対策には有効です。

多くのハードクレーマーでも、法律で対処できるという自信があれば、法律を口に出さなくても非言語で伝わり、相手は踏み込みにくくなります。

◆詳しくは、第1部第5章（56ページ）を参照してください。

エピローグ――最愛の妻

気づくと、俺は現代の市民課に戻っていた。

ただ、窓口係長としてではなく、市民課長に出世していた。

過去にタイムスリップする前、病気になった部下は、窓口係長としてイキイキと仕事していた。

「ああ、過去が変わったから未来が変わったのか！」

俺があのとき、職場リーダーになったことで、市民課はクレームに強い部署になったんだ。3〜4年に1度異動があるので、あれから転々として、課長職として市民課に戻ってきたのだろう。

過去の自分とさまざまな経験から学んだことは、とにかく「心構え」が大事ということだ。

クレーム対応においては、お客様に寄り添う姿勢が大事で、自分の想いがすべて行動になる。そして、人生においては、「勇気」という「心構え」がきっとこの先の未来を明るく照らすだろう。

テキパキと仕事を片づけ、家に帰ると、セミロングの女性が待っていた。

「ただいま、麗香」
「お帰りなさい、太郎さん」

そう、福岡さんと俺は数年つき合った後、結婚したのだ。麗香は俺の最愛の妻になっていた。今の俺にとって一番大切なのは妻かもしれない。

★★★　　★★★

〈本書のまとめ〉

本書では、クレーム・カスハラの本質を知り、その解決の土台となる「魔法の３ステップ・クレーム対応術」、つまり「心構え」、お客様の感情に寄り添う「ヒアリングと承認」、実質的な問題解決を図る「交渉」を学んできました。

クレーム対応は、お客様に寄り添う姿勢が大事で、あなたの想いがすべて行動に反映されます。

クレーム対応は、「直接対応→電話対応→メール対応」の順に難易度は高くなりますが、基本は変わりません。

ディスコミュニケーションが起こる脳の仕組みを理解し、質問力や一貫性、交渉力を磨くことで、クレームはより早く解決することができます。

それでは、これまで学んできたことを整理しましょう。

〈クレーム対応の基礎知識〉

●クレームとはなにか

クレームは「感情的なもの」と「金銭の要求を目的とするもの」に大別されるが、クレームのほとんどは「感情的なもの」。クレームの本質は「恐れ」。

●ディスコミュニケーションが起こる脳の仕組み

脳の仕組みにより水掛け論は当然起こり得る。水掛け論を防ぐためには、お客様に誤解が生じるような専門用語を使わないか、もし使うのであれば言葉の定義を明確化し、認識をすり合わせる。水掛け論になりそうになったら早々に打ち切る（話を変える）。

●クレーム対応の最強の人格「大人」とは

クレーム対応の最強の人格、冷静で理知的な「大人」で対応すれば、パーソナリティの相性に左右されず、お客様も「大人」で対応してくれる。

●一貫性（ロジカルシンキング）について

クレーム対応では、対個人だけでなく組織としても、お客様に不信感をもたれないために、一貫性がとても重要である。

一貫して筋が通っているように考えるためには「ロジカルシンキング※」が必要である。ロジカルシンキングができるようになればクレームはより早く解決する。

※　ロジカルシンキングとは、一般的に物事を結論と根拠に分け、その論理的なつながりを捉えながら物事を理解する思考法である。

クレーム対応では、制度やルールはお客様にとっては制度やルールを決めた側の都合にしか思えないので、お客様が共感・納得できるように、制度やルールができた「公的な理由や根拠」を説明する。

このためには日頃から、仕事を表面上ではなく、なぜそうなのかと論理的に理解する。

具体的には、①なにに基づいて仕事をしていて、②それはどういった理由、背景でできたのかということを理解する。

●自分がミスした場合

自分がミスした場合には、真摯な平謝りで、お客様の尊厳と信頼を回復させる。たとえ自分のせいではなくても、組織を代表して謝罪することで、あなたへの信頼感が向上する。

●「個人情報」を聞かれた場合

フルネーム、住所、大学名など実務に関係のない「個人情報」を聞かれたときは、答える必要はないので毅然として対応する（フルネームを聞かれても苗字だけ答える）。

〈魔法の3ステップ・クレーム対応術〉

「魔法の3ステップ・クレーム対応術」とは、

①「お客様の恐れを解決するという心構えを持つ（マインドセット）」
②「ヒアリングと承認」
③「交渉」

の3ステップでクレームを笑顔に変える独自の対応術です。
各ステップを一つずつ見ていきましょう。

ステップ①「お客様の恐れを解決するという心構えを持つ（マインドセット）」

・仕事とはお客様の悩みを解決するという「問題解決」であり、クレーム対応も問題解決の一つである。
・このことを前提に、「お客様の恐れを解決しよう」という「心構え」があれば、微妙な身ぶり、手ぶり、表情、声のトーンといった非言語コミュニケーションを通して、お客様に伝わる。だから、第一声でクレーム対応がうまくいくかどうかはほとんど決まる。

・電話対応では、相手に伝わるのは声のみであるため、心構えを映像に浮かぶくらい声に乗せる。相手の問題を解決しようとする姿勢を、声に1・3倍乗せて友好的な感情で明るく対応する。
・メール対応では、お客様がどんな方かわからず、文章しかコミュニケーション手段がないが、そんな中でも、心構えが文章に表れる。

ステップ②「ヒアリングと承認」
・多くの場合、人は問題や悩みを言語化することができないため、最初に出てきた言葉は「氷山の一角」情報である。「なぜ、お客様はこんなことを言っているのだろうか？」という視点をもって、寄り添いながらヒアリングして問題や悩みを聞

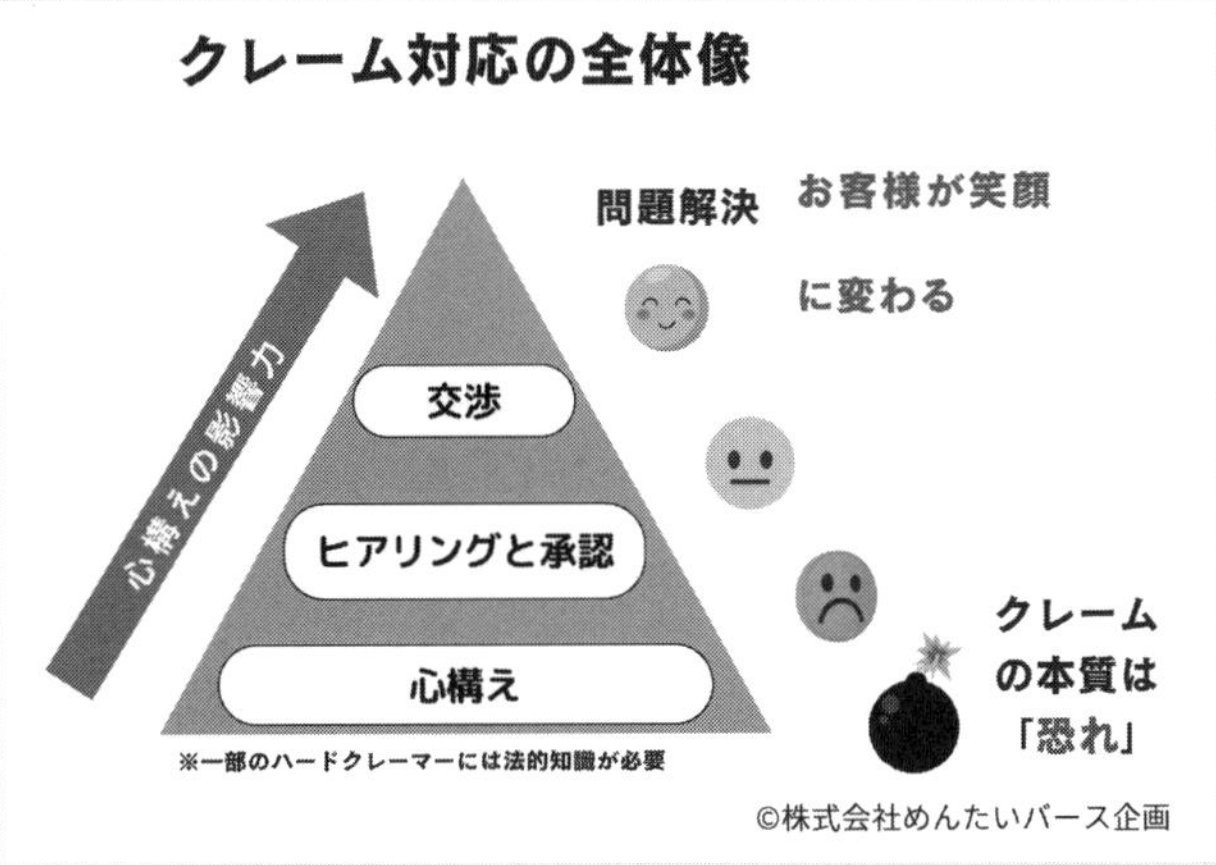

き出す。
・相手の「立場」から問題を想像する。悩みを引き出したら、その感情を「承認」する。
・電話対応では、相手の姿が見えないため、お客様の立場を徐々に質問し探る（匿名性がお客様を強気にしている可能性がある）。

ステップ③「交渉」

・できないことははっきり伝える。まず、結論（大前提）を最初にお客様に提示する。これを「プリフレーム」という。
次に大前提の「理由や根拠」を説明する。そして、ルールの中で、一緒に問題解決の方法を考え、最善の提案を行う。

そうすると、大前提に沿って話が進み、お客様に納得していただける。
・クレーム対応は、直接対応↓電話対応↓メール対応と難易度が上がるため、簡単なほうに持ち込む。電話対応の場合は、直接対応に持ち込む交渉を行う。
・メール対応は、電話応対に持ち込む交渉を行う。

・連絡先が記載されていないなどの理由により、やむを得ずメールで対応しなければならない場合は、メールでの対応法である「交渉構文※」によりクレームを解決する。

※　交渉構文とは、「魔法の3ステップ・クレーム対応術」のメールバージョンのこと。

この交渉構文で大切なのは、「感謝↓仮定＋結論↓肯定↓根拠（理由、背景）↓結論↓謝罪（必要に応じて）↓ルールの中での最善策を提案」という「流れ」を守ることである。

なお、メール対応では、お客様の背景がよくわからないため、「もしこういう意味でしたら」と仮定をして、かつ余計なことを書いて誤解されないように簡潔に回答する。

〈付　録〉

いざというときに役立つ！クレーム解決フレーズ集

具体的になんと言って対応したらいいの？

ここまで、第1部《クレーム・カスハラ対応の基礎知識編》、第2部《クレーム・カスハラ対応のケーススタディ編》を通して、クレーム対応やカスハラ対応を学んできましたが、いかがでしたでしょうか。

すぐに実践できそうだという方もいれば、実践しようと思ってもなかなか言葉が出てこない方もおられるのではないでしょうか。

でも安心してください!! そのような方に対して、すぐにでも活用できるように、通常のクレーム対応とカスハラ対応における、代表的な「クレーム解決フレーズ」を集めました。

なお、本文で繰り返し説明していますが、上辺だけの言葉では相手に考えていることが非言語で伝わりますので、クレーム対応が困難になります。

クレーム対応の心構え（お客様の問題を解決しようとする姿勢）とセットでご活用ください。

1 通常のクレームの場合

（1）相手が怒っているときの初動（ヒアリング方法）

「いかがされましたか？」

◆たいてい、「どうしましたじゃないだろうが」「○○しやがれ」と言われるので。

「申し訳ございません。具体的にお伺いしてもいいですか？」

第1部第3章でもお伝えしたように、お客様から出てきた最初の言葉は「氷山の一角」情報です。お客様の問題を具体化して、その後の解決につなげていきましょう。

（2）こちら側に明らかに非がある場合

①個別的な問題の場合

「大変申し訳ございません」

◆繰り返し、怒りがトーンダウンするのを待つ。たいてい、「相手に謝ればすむと思っているのか」と言われるので。

「以後このようなことがないように、〇〇（再発防止策、部下への指導、本社へ報告および要望の周知など）するようにします。大変申し訳ございませんでした」

こちらに非があるときに、平謝りより威力を発揮するものはありません。平謝りは相手への全面降伏の意思表示であるため、攻撃態勢だった相手は戦意を喪失します。その上で、家族や友達と喧嘩して仲直りするときと同様、今後の改善案も相手に提示しましょう。

なお、あなた（会社）のせいでお客様に直接的な損害が発生している場合は、事実確認の上、真摯な姿勢で補償する旨伝えましょう。

②他のお客様にも影響する問題の場合（会社の制度へのクレームなど）

「他のお客様からも同様のご指摘をいただいております」

お客様は内心恐れをかかえてクレームを言っていますが、このフレーズを言うと、「自分は間違っていなかった。みんなからも責められているならそこまで言わなくてもいいだろう」と恐れが解消し、一気にトーンダウンします。

（3）こちら側に一部非がある場合

「その件については、大変申し訳ございませんでした。○○様に不快な思いをさせてしまったことをお詫びいたします。ところで、○○については、○○の決まりになっております。というのは、○○という理由です」

こちら側に一部非がある場合は、限定的に謝罪し、話しを本題に戻すことがポイントです。

（4）自分に非はないが、自分が所属する会社に非がある場合

「弊社を代表してお詫び申し上げます」

このフレーズは、あなたが平社員であるときに特に威力を発揮します。
責任感と真摯な姿勢が伝わり、このまま一貫して真摯に対応すれば、お客様の中であなただけは味方という立ち位置になり得ます。

（5）匿名電話でのクレーム

「責任者に伝えるときに、どこからの情報かということを把握する必要がありますので、お名前をお伺いしてもいいですか？」

匿名だからという理由で強気になっているお客様も、実際気が弱いことも多く、理由とセットで名前をしつこく聞くとたいていい電話を切ります。

（6）言った、言わないの水掛け論になってしまった場合

「これ以上お話ししても、言った、言わないの話しになりますので」

水掛け論を防止するには、言葉の定義を明確化して認識を擦り合わせることが大切ですが、誠心誠意説明しても話しが平行線の場合は、このフレーズを言って話しを本題に戻しましょう。第1部第1章（26ページ）もご参照ください。

2　カスハラの場合

（1）理不尽な要求や揚げ足を取る、しつこいカスハラ電話

①自社と関係ない場合

「○○の件につきましては、対応は○○というところになりますので、○○

-○○○-○○○○（電話番号）におかけください」と言って切電する。

冒頭でこのフレーズを言って、切電してください。クレーマーは弱いところに強く出ますので、多くの場合電話はかかってきません。

◆「第1部コラムのカスハラ対策」の最後の「理不尽な要求に対して切電する方法」もあわせてご覧ください（82ページ参照）。

②自社と関係ある場合

1ー(3)と同様、こちら側に一部非がある場合は、限定的に謝罪して本題に戻す対応ですが、違いは毅然とした態度で多少強引にでも本題に戻すことです。

（2）債権回収担当者を難癖つけて執拗に追い詰めるカスハラ

「（難癖に対して）それとこれは関係ありません」

◆たいてい、「関係ある」「お前の態度が悪い」「さっきこれって言っただろう」などと言ってくるのでこう答える。

「〇〇がお支払の期日になっていますので、いつ頃お支払できますか？」

実は、債権回収において最大のポイントは淡々と明るく話すことです。というのは、そもそも債権者は追い詰められているので、こちら側が感情的になったり、声のトーンが暗いと責められている気になって反撃に出てしまうのです。

話しがこじれて難癖つけてきたら、難癖と債権回収の件は関係ない旨伝え、いつ支払うのかという質問をすることで主導権を握ります。

（3） 脅迫された場合

「それって脅迫ですか？」

◆たいてい、「お前ぶち殺すぞ」もしくは「脅迫ではない、主張しているだけだ」などと言ってくるのでこう答える。

「録音させていただいてもよろしいでしょうか？」

それでも引き下がらないなら、

「警察に通報させていただきます」

相手が行っている言動が、刑法の構成要件（一定の法律効果を生じさせる要件）に該当するか、質問しましょう。相手は嫌な予感がしてたいてい退散します。土下座を強要してきた場合も同様に、「今、土下座を強要していますか?」と質問しましょう。

◆詳細は、「第1部第5章「ハードクレーマー」への対応法をご参照ください。

（4）こちら側に落ち度があり、真摯に謝罪・対応しても、まだ損害が生じていないのに「責任を取れ」と迫ってくる（金品を要求してくる）場合

「責任とはなんでしょうか?」

「恐れ入りますが、損害は今どのように生じていますか?」

「夜道に気をつけろ」「ネットに書くからお前の名前を教えろ」などと言われたら、

「なぜフルネームが必要ですか?　それって脅迫ですか?」

ここでのポイントも、これまでと同じように質問して、相手に答えてもらいましょう。

（5）相手が金銭目的のプロで、責任を取るように執拗に追い込んでくる場合

「ご質問の意図はなんでしょうか？」

◆たいてい、意味不明な理由をつけて、「それがお客様への態度か」などと言ってくるので、

「本件に関係ないのでお答えできません。なぜそれが気になるのですか？」

ここでのポイントは、相手の目的は質問に対するあなたの回答の揚げ足を取ることなので、ここでも質問に質問で返し、相手の意図を明らかにしましょう。

以上が、通常のクレーム対応とカスハラ対応における、代表的なクレーム解決フレーズです。

クレーム対応は再現性のある「科学」ですので、最初は慣れなくても場数を踏んでいくことで短時間でクレーム解決できるようになります。

本書により、企業などの生産性向上、メンタルヘルス改善、離職防止に役立てたら幸いです。

【株式会社めんたいバース企画：事業の概要】

1　行政と中小企業の橋渡し事業
市役所での実務経験を活かし、入札コンサルや企業と自治体のビジネスマッチングなど潤滑油的コンサルティングを行っている。

2. クレーム・カスハラ対策
20 年以上の市民向け窓口勤務で約 2 万件の苦情を毎日受付・対応していた経験から、独自のクレーム対応術を確立。2024 年 1 月に福岡市で実施したクレーム交渉力研修では、参加者 27 人中 20 人から最高評価を獲得。この成功を受けて、一般企業から VR 技術を用いてメタバース上でクレーム対応の疑似体験を提供できないか打診される。
現在、VR（仮想現実）によるクレーム対応疑似体験訓練システムの開発を終え、カスハラマニュアル整備支援と合わせて 2025 年 3 月に、VR を用いた体験型クレーム対応研修をローンチ予定。

3. メタバース・WEB 3 支援コンサル事業（今後展開）
福岡市でのシステム刷新業務の経験、同市にて独自開発した「一括帳票発行システム」の開発実績、起業後自治体のＤＸ活用ニーズによるＤＸ知識の習得でメタバース・ＷＥＢ３等に精通し、2023 年には、彩流社より『「浦島太郎」のアバターになって、メタバース・Ｗeb ３・AI がスラスラわかる本』を出版。

得意分野である自治体等を中心に次世代のＤＸ技術であるメタバース・ＷＥＢ３・AI 等の知識習熟などの支援業務を行っていく予定。

【著者プロフィール】

谷口 良太（たにぐち りょうた）

株式会社めんたいバース企画、株式会社たにぐち農縁 代表取締役社長。

1977年福岡県生まれ。

高校卒業後福岡市役所に勤務しながら、30代で一念発起し福岡大学商学部二部へ入学、同学部を首席で卒業。就学中に身につけたマーケティング知識、グロービス経営大学院福岡校や研修においてボストンコンサルティンググループから戦略的思考等を学ぶ。

また、20年以上の市民向け窓口勤務で約2万件の苦情を毎日受付・対応していた経験をベースに、動物行動学、交渉術[※1]、コンサル技術を組み合わせ、3分以内にクレームを解決し、笑顔で帰ってもらう技術の体系化に成功。区役所の窓口や市本局において、大声をあげているお客様も数分で信頼関係構築し笑顔で帰ってもらい、法的な問題となりかねないケースでも、電話等で、数分で何事もなかったように解決。

また、開発したクレーム対応術を使い保健福祉部門の債権回収担当と共同で、2年がかりでも解消されなかった債権回収関連案件約1,000件を約1か月で解決。

こうした中で、昨今のカスハラの深刻化を受けて、改めて身近で起こる、クレームでメンタルで潰れていく市職員や金融機関の債権管理担当を思い返し、このクレーム対応術を世に広め、クレームに悩むことなく、本来の仕事に集中し、組織としての生産性をあげてもらうとともに、社会課題の解決を自分の人生の目標として起業することを決心し、福岡市役所を退職、2023年4月に株式会社めんたいバース企画を創業。

2024年7月に株式会社たにぐち農縁を創業し、これから伸びていくメタバース（ゲーム）を用いて、地方創生プラットフォームを構築し、農家、ユーザー、企業、自治体を巻き込むことで持続的な農業の課題を解決し、地方から日本を元気にすることを目指す。

※1 幼少期より一家の大黒柱として交渉を行ってきた経験で培った交渉術を体系化しました。

3分《ぷん》で相手《あいて》が笑顔《えがお》に変《か》わる
しつこいクレーム・カスハラ交渉術《こうしょうじゅつ》
～クレーム対応《たいおう》は「第一声《だいいっせい》」が成功《せいこう》の鍵《かぎ》！～

2025年4月1日　　第1刷発行

著　者　谷口良太《たにぐちりょうた》
発行者　林　定昭
発行所　アルソス株式会社
〒203-0013
東京都東久留米市新川町2-8-16
電話　042-420-5812（代表）
https://alsos.co.jp
印刷所　株式会社 光邦

ISBN 978-4-910512-16-7 C0034